Dr. Mikao Usui
Frank Arjava Petter

Manual de Reiki
do Dr. Mikao Usui

— De acordo com o texto original —

Publicado pela primeira vez fora do Japão

Posições e Técnicas Tradicionais de Tratamento
do Usui Reiki Ryoho para a Saúde e o Bem-Estar

Tradução
EUCLIDES L. CALLONI

Editora
Pensamento
SÃO PAULO

Título original: *The Original Reiki Handbook of Dr. Mikao Usui.*

Copyright ©1999 Schneelöwe Verlagsberatung & Verlag.

Copyright da edição brasileira © 2001 Editora Pensamento-Cultrix Ltda.

1ª edição 2001.

15ª reimpressão 2025.

Publicado mediante acordo com a Schneelöwe Verlagsberatung & Verlag, D-87648 Aitrang, Alemanha.

Todos os direitos reservados. Nenhuma parte deste livro pode ser reproduzida ou usada de qualquer forma ou por qualquer meio, eletrônico ou mecânico, inclusive fotocópias, gravações ou sistema de armazenamento em banco de dados, sem permissão por escrito, exceto nos casos de trechos curtos citados em resenhas críticas ou artigos de revistas.

A Editora Pensamento não se responsabiliza por eventuais mudanças ocorridas nos endereços convencionais ou eletrônicos citados neste livro.

Ilustrações de Shoya P. T. Grigg.
Fotografia do dr. Usui na p. 6, de T. Oishi.
Desenhos de Peter Ehrhardt.
Caligrafias: Shunyu Chikai (na p. 9), tipografia japonesa de Chetna Kobayashi.

Direitos de tradução para a língua portuguesa adquiridos com exclusividade pela
EDITORA PENSAMENTO-CULTRIX LTDA.
Rua Dr. Mário Vicente, 368 – 04270-000 – São Paulo, SP – Fone: (11) 2066-9000
E-mail: atendimento@editorapensamento.com.br
http://www.editorapensamento.com.br
que se reserva a propriedade literária desta tradução.
Foi feito o depósito legal.

Agradecimentos

Nos últimos anos, um sentimento de gratidão se intensificou em meu coração, um agradecimento profundo dirigido a cada momento da minha vida. Um reconhecimento a todas as pessoas e situações que encontrei no meu caminho. Uma gratidão sem objetivo específico e sem origem definida.

Todavia, eu gostaria de expressar meus agradecimentos mais cordiais a alguns amigos; a ajuda dessas pessoas foi fundamental para que eu terminasse este livro. Em primeiro lugar, à minha esposa Chetna, pelo amor e energia inesgotável que ela partilha comigo todos os dias de nossa vida. A T. Oishi e Shizuko Akimoto, por sua confiança sem limites. À equipe da editora Windpferd, pelo apoio competente e amoroso tanto no nível profissional como no pessoal. A Walter Lübeck, que me incentiva a pesquisar sempre mais; a Shunyu Chikai, pela irradiante caligrafia da página 9; a Shouya P.T. Grigg, pelas extraordinárias fotografias que retratam tão bem o espírito do Reiki. Meu reconhecimento amoroso também à nossa modelo Kumiko Kondo e a Masano Kobayashi, minha sogra, pela transcrição do Memorial a Usui.

Este livro é também dedicado à memória de Fumio Ogawa, falecido no verão de 1998. Em nome da comunidade reikiana do mundo inteiro, eu agradeço a ele, postumamente, por todas as informações que, de coração aberto, compartilhou conosco.

E, naturalmente, um agradecimento sincero a todos vocês, meus queridos leitores, pelos milhares de cartas, pelo amor e pelas sugestões com que me distinguem.

Prefácio

Um processo grandioso está se desenvolvendo em todo o planeta, um processo destinado a gerar a paz de que tão desesperadamente necessitamos. O fim da guerra fria, os aperfeiçoamentos nas comunicações globais e a compreensão de que todos os povos do mundo podem e devem trabalhar juntos para a sobrevivência do planeta estão em ação para transformar nossos conceitos básicos. Uma sensação maior de segurança e a aceitação de que o mundo tem um futuro viável estão estimulando as pessoas a criar mudanças positivas que podem levar à consolidação da paz na Terra.

Parte desse processo consiste em abandonar velhas crenças restritivas e substituí-las pela verdade. À medida que isso acontece, as pessoas ganham liberdade e têm melhores condições de criar um mundo mais desejável.

Vemos esse processo desenvolvendo-se no mundo do Reiki. A versão ocidental original do Reiki vem sendo questionada e as pessoas estão descobrindo informações mais exatas sobre sua história e prática de que todos podem se beneficiar. Nos últimos anos, Arjava Petter e sua esposa japonesa Chetna Kobayashi obtiveram informações importantes relacionadas com a origem e a prática do Reiki no Japão. Apesar da oposição daqueles que no Ocidente se beneficiariam com a manutenção do *status quo*, Frank e Chetna continuaram suas pesquisas e, com a publicação deste livro, estão partilhando conosco suas descobertas mais importantes. O fato de que sensei Usui adotava um manual de treinamento que distribuía a todos os seus alunos é de suma importância, pois prova que o Reiki não é uma tradição oral e que o conteúdo escrito é uma parte relevante da prática. O conhecimento da filosofia e dos exercícios práticos ensinados por sensei Usui constitui um nível importante de compreensão que nos une mais estreitamente à essência do Reiki. Com ele podemos conhecer melhor sensei Usui e aprimorar a qualidade do tratamento que aplicamos a nós mesmos e aos outros. Por isso, é fácil entender por que a tradução e distribuição deste manual é a contribuição mais significativa à prática do Reiki Usui desde que ele foi introduzido no Ocidente em 1938. Além de consolidar a autenticidade da prática e o valor que ela oferece, essas informações orientarão a comunidade reikiana para novas direções e favorecerão a busca da unidade entre as várias linhas. Estou certo de que todos os que lerem este livro se beneficiarão de muitas maneiras.

William Lee Rand
Setembro de 1999
The International Center for Reiki Training, Southfield, MI

Sumário

Agradecimentos 3
Prefácio 4
Introdução 7

Os Fundamentos Budistas do Reiki 10
    A Origem e o Objetivo 11
    O Sutra do Coração 13

Os Três Pilares do Reiki 15
    Gassho 15
    Reiji-Ho 17
    Chiryo 18
    Toque e Cura 19

A Respiração 22
    Joshin Kokyuu-Ho 22

O Tanden 23
Como Armazenar Energia Vital no Tanden 24

As Técnicas de Tratamento 25

Reiki Ryoho Hikkei — Posições das Mãos Ensinadas pelo dr. Usui 28
Índice do Reiki Ryoho Hikkei 29
    1. Tratamento Básico de Partes Específicas do Corpo 31
    2. Distúrbios Funcionais dos Nervos 49
    3. Distúrbios Funcionais dos Órgãos da Respiração (e das Passagens
       de Ar) 52
    4. Distúrbios Funcionais dos Órgãos da Digestão 54
    5. Distúrbios Funcionais do Sistema Circulatório (Cardiovascular) 56
    6. Distúrbios Funcionais do Metabolismo e do Sangue 57
    7. Distúrbios Funcionais do Trato Urogenital 59
    8. Ferimentos e Distúrbios Funcionais da Pele 60
    9. Doenças Infantis 62
    10. Saúde da Mulher 64
    11. Doenças Contagiosas 65

Posfácio 68
    Textos Japoneses Originais 69

Apêndice Fotográfico 72
    Manual do Reiki Ryoho 78
    Como Localizar as Vértebras 79

Dedicatória

A Mikao Usui, com amor e gratidão.

Introdução

Queridos amigos do Reiki,

Novamente, eu gostaria de apresentar-lhes algo "novo" do país de origem do Reiki: a parte prática do *Usui Reiki Ryoho Hikkei*, em que o dr. Usui oferece uma descrição detalhada das posições das mãos para o tratamento de certas áreas do corpo e de distúrbios da saúde. No verão de 1997, quando minha esposa Chetna e eu recebemos de T. Oishi o manual e outros documentos históricos sobre o Reiki japonês, só decidimos publicar esta parte depois de pesquisá-la profundamente. Também queríamos esperar até obter experiência pessoal suficiente com este aspecto do trabalho de Reiki, novo para nós na época.

Agora não queremos mais guardá-lo só para nós.

As posições das mãos descritas no manual do dr. Usui são consideravelmente mais numerosas do que as que aprendemos a usar e a apreciar no Ocidente.

No entanto, com a publicação deste livro, longe de mim qualificar as doze posições das mãos adotadas no Ocidente como "falsas". Elas formam a base para o tratamento do corpo todo. Sem dúvida, são proveitosas e importantes, especialmente para os principiantes. Este livro tem o objetivo de levar-nos às raízes do Reiki e também de ampliar e intensificar nossa compreensão do poder do Reiki.

O manual do dr. Usui inclui muitas informações práticas valiosas. Na minha opinião, essas informações só podem ser compreendidas em sua totalidade e eficácia quando apresentadas também visualmente.

É por isso que Chetna e eu resolvemos inserir fotografias das posições das mãos e desenhos das áreas do corpo mencionadas: oferecer-lhe um manual que você possa compreender com clareza e pôr em prática com facilidade. Você pode também consultá-lo para obter orientações para a sua prática de Reiki. Acrescentei os quatro primeiros capítulos — "Os Fundamentos Budistas do Reiki", "Os Três Pilares do Reiki", "A Respiração" e "As Técnicas de Tratamento" — para tornar conhecidas as bases do trabalho do dr. Usui da forma mais completa possível. As informações aqui contidas procedem de uma entrevista com o dr. Usui que publiquei em meu último livro e também de conversações entre Shizuko Akimoto e Fumio Ogawa, além de outras fontes de Reiki japonesas.

O Reiki foi muito ensinado e divulgado sob a orientação do dr. Usui. Os alunos se reuniam uma vez por semana para meditar, aplicar o Reiki juntos e praticar o exame minucioso do corpo até conseguir chegar a um diagnóstico energético. Quando isso acontecia, as áreas correspondentes do corpo eram tratadas imediatamente. Alguns alunos conseguiam fazer isso rapidamente, enquanto outros precisavam de algumas semanas, meses ou até anos. A energia Reiki encontra naturalmente seus próprios caminhos, precisamente onde ela é necessária. No entanto, isso não exclui a possibilidade de que o praticante siga sua inspiração com as mãos. O tratamento de Reiki ocidental é mais amplo, mais geral, ao passo que o tratamento japonês é mais intuitivo, seguindo uma direção mais específica: quanto mais precisos formos, melhores serão os resultados.

No Japão, o caminho do Reiki é visto como um curso da vida trilhado ao longo de várias décadas até o fim dos dias da pessoa. Lá, um aluno às vezes só chegava ao Segundo Grau de Reiki depois de dez ou vinte anos de prática, e a maioria nunca alcançava os níveis mais elevados. Os alunos eram e continuavam sempre sendo alunos.

No Ocidente, o Reiki tomou uma direção que corresponde mais de perto à nossa cultura. As pessoas se encontram num dia ou num final de semana para aprender o Primeiro Grau. Em geral, não há sequer tempo suficiente para que aprendam a ouvir seu próprio corpo, suas mãos e sua intuição. Por mais que isso seja lamentável, é simplesmente impossível para muitos estudantes e alunos de Reiki ocidentais entrarem em contato de alguma outra forma com essa energia. A vida no ritmo apressado da civilização ocidental — e incluo aqui o modo de vida japonês moderno — corre a altas velocidades. Muitos de nós não temos mais tempo e queremos ter o que vemos, imediatamente, no instante mesmo em que vemos.

Não quero sugerir que se volte o relógio. Temos de enfrentar as exigências do presente. E essas doze posições das mãos em particular são um instrumento importante que pode ser aprendido rapidamente. Com elas, todos podemos praticar em nossa casa, sem instruções e sem medo de fazer alguma coisa "errada". Essas posições abrangem todo o sistema das glândulas endócrinas, além de todos os órgãos internos. Elas energizam o ser humano em vários níveis ao mesmo tempo:
- No nível físico, pelo calor das mãos;
- No nível mental, pelos pensamentos ou símbolos do Reiki;
- No nível emocional, pelo amor que flui com elas;
- No nível energético, pela presença da pessoa iniciada e pela própria energia Reiki.

Outra vantagem das doze posições das mãos é que as pessoas que praticam o autotratamento todos os dias aprendem a usar a energia Reiki. Se você já recebeu um tratamento completo, em todo o corpo, aplicado por mãos amorosas, ou caso tenha tratado a si mesmo durante várias semanas, essa experiência ficará com você por muito tempo depois de terminada.

O Reiki intuitivo do dr. Usui é diferente: ele pede que nos livremos das regras, que foram feitas apenas para nos facilitar as coisas. No momento em que nos atrapalham, elas não cumprem mais seu objetivo.

A atitude mais apropriada é começar a integrar aos poucos as técnicas e informações descritas neste livro em sua própria prática do Reiki — os clientes adorarão suas mãos.

Muitos leitores certamente trabalharam de forma intuitiva durante muito tempo. Fico contente por vocês — e com vocês — por termos agora a permissão "oficial" do dr. Usui para fazer isso!

Do fundo do coração, desejo a todos vocês muita alegria e prazer na leitura e aplicação prática destas novas e maravilhosas possibilidades. O objetivo é exatamente esse!

Reiki em kanji arcaico, escrita usada antes de 1940.

Caligrafia de Shunyu Chikai, nascido em 1950, ordenado monge Shingon em 1973. Fundou o ashram Shakya-yoga em Marugame, Shikoku, Japão, onde ensina técnicas de meditação e Reiki para seus alunos.

Os Fundamentos Budistas do Reiki

A inscrição no túmulo do dr. Usui nos diz que ele sentiu a energia Reiki durante um retiro de jejum de 21 dias no monte Kurama.

O monge Gantei, discípulo de Ganjin (fundador do Templo Toshodaiji, em Nara), fundou o imponente Templo Kurama no ano 770, depois de passar por uma experiência religiosa profunda nesse local. Até 1949, o Templo Kurama estava ligado ao budismo Tendai; após essa data, ele se transformou na sede da Seita Kurama-Kokyo.* Na secretaria do templo, recebemos informações seguras de que ali nunca foram realizados retiros de jejum/meditação de 21 dias. Entretanto, houve insinuações de que uma pessoa ou outra poderia ter realizado essas práticas por iniciativa própria, especialmente no passado. Graças às dimensões, à forte energia e às antigas e extensas florestas de cedros, o monte Kurama oferece um ambiente perfeito para meditação e para a busca de si mesmo. Hoje é possível passar um dia e uma noite meditando e elaborando mantras no Templo Kurama fazendo-se reserva com antecedência.

Além disso, o monte Kurama e seus arredores ainda conservam alguns pequenos e belos santuários xintó. Preciso mencionar particularmente o Kubune Jinja (santuário), localizado aos pés do Kurama, na estrada para Quioto. O xintoísmo e o budismo estão profundamente interligados no Japão, e por isso nem sempre é fácil para um leigo saber se ele está num templo budista ou num santuário xintoísta. De qualquer modo, uma visita ao Kurama sempre vale a pena.

O dr. Usui era budista, e por isso eu gostaria de fazer uma breve digressão para apresentar nas páginas seguintes alguns aspectos da história japonesa e examinar os conceitos que influenciaram mais intensamente o dr. Usui. Seria certamente possível escrever um livro inteiro sobre esse tópico, mas então eu estaria extrapolando não apenas o sentido e o objetivo deste trabalho, mas também os meus conhecimentos do budismo.

---

* Aqui, a palavra "seita" significa uma "pequena comunidade de fé".

(Endereço do Templo Kurama: Kurama Honmachi, Sakyo-Ku, Quioto, Japão. Tel.: 0081-75-7412003. A melhor maneira de chegar ao templo é tomar o metrô ou o ônibus na estação central de trens de Kyoto e ir até a estação Demachiyanagi. Daí, tomar um trem, linha Eizan-Kurama, para Kurama, até a última estação. Dessa estação, uma caminhada de cinco minutos leva o visitante ao portão de entrada do Templo Kurama.

A Origem e o Objetivo

O budismo esotérico tântrico chegou ao Japão no início do século XIX com o monge japonês Kukai (Kobo Daishi, 774-835) e com Saicho (Dengyo Daishi, 767-822), que haviam estudado na China.

Kukai foi aluno de Huikuo (japonês: Keika, 746-805), discípulo do monge indiano Amoghavajra, que por sua vez foi aluno do famoso instrutor indiano Vajrabodhi. Os dois indianos viveram no Templo Tahsingshan, em Ch'angan, centro atual da *Associação Budista Shensi* na China. Depois da morte do seu professor, Kukai voltou ao Japão e ensinou o que havia aprendido na China. Ele se tornou o fundador do budismo *Shingon*.

Saicho estudou no monte Tien-tai, na China. Ao voltar, fundou o budismo Tendai, com sede em Quioto.

No Japão, essas duas escolas são em geral conhecidas pelo nome Mikkyo.

O santo padroeiro do budismo esotérico no Japão é Dainichi Nyorai (Mahavairocana Tathagata), e os escritos mais importantes e sagrados são o *Dainichi-Kyo* (*Mahavairocana Sutra*) e o *Kongocho Gyo* (*Vajrasekhara Sutra*). Veja o belo mantra de Dainichi Nyorai:

Visualize:
O universo inteiro é constituído de seis elementos.
Meu corpo, que é feito de seis elementos, é o corpo do Dainichi Nyorai.
Estou repleto de vida plena, perfeita e ilimitada.
As cinco sabedorias estão encarnadas em imensa e infinita compaixão.
A imensa compaixão de Nyorai me permeia.
Estou incluído na imensa compaixão de Nyorai.
Sou bem-aventurado, sou bem-aventurado.

(De *Kaji-Empowerment and Healing in Esoteric Buddhism*, do Ven. Ryuko Oda)

Em resumo, o objetivo do budismo esotérico é *Shunyata*, o vazio. Esse vazio não é um estado negativo de ausência; deve, sim, ser entendido como transcendência da dualidade. Quando o "eu" não se distingue mais do "outro", a unidade do todo é restabelecida. O "eu" só existe na nossa imaginação, na nossa mente. Nós criamos o ego e o mundo com os nossos pensamentos. Nosso estado natural de ser é o vazio, não afetado pelos atributos, pelo passado e pelo futuro.

Para muitos de nós, esse objetivo também está ligado ao Reiki de modo semelhante: sentindo sua unidade com o cosmos, voltando às origens, à unidade.

Na minha opinião, a expressão mais bela desse estado além da dualidade está no assim chamado Sutra do Coração (*Prajnaparamita Hridayam Sutra*).**

** Extraído de *Buddhist Scriptures*, de Edward Conze, Penguin Classics, ISBN 0-14-044088-7.

O Sutra do Coração

1 Invocação.
Homenagem à perfeição da sabedoria, a amável, a santa!

2 Introdução.
Quando Avalokita, o Senhor santo e Bodhisattva, praticava profundamente a perfeição da sabedoria, ele viu claramente que os cinco agregados são vazios em sua natureza.

3 Dialética do Vazio. Primeiro Estágio.
Ó Sariputra, a forma é o vazio, e o vazio é a forma; o vazio não é diferente da forma, e a forma não é diferente do vazio; tudo o que é forma é também vazio, tudo o que é vazio é também forma. O mesmo acontece com as sensações, as percepções, os impulsos e a consciência.*

4 Dialética do Vazio. Segundo Estágio.
Ó Sariputra, todos os dharmas se caracterizam por serem vazios; eles não nascem nem morrem, não são impuros nem puros, não são deficientes nem completos.

5 Dialética do Vazio. Terceiro Estágio.
Por isso, ó Sariputra, no vazio não há forma, sensação, percepção, impulso, consciência; não há olho, ouvido, nariz, língua, corpo, mente; não há formas, sons, cheiros, sabores, substâncias palpáveis nem objetos da mente; desde tudo o que possa ser percebido pelos sentidos até tudo o que possa ser apreendido pela mente, nada há; não há ignorância nem extinção da ignorância; não há envelhecimento e morte, nem extinção do envelhecimento e da morte; não há sofrimento, nem originação (do sofrimento), nem eliminação (do sofrimento), nem caminho; não há nada a saber, nem a obter e nada a não obter.

6 A Vivência Concreta e a Base Prática do Vazio.
Portanto, ó Sariputra, é por sua indiferença a todo ganho pessoal que o Bodhisattva, entregando-se à perfeição da sabedoria, vive sem que nada lhe perturbe o espírito. Como não há nada que lhe perturbe o espírito, ele não foi feito para sentir medo, subjuga o que pode inquietar e, no fim, alcança o Nirvana.

7 O Vazio Total é a Base também do Budado.
Todos os que se manifestam como Budas nos três períodos do tempo despertam totalmente para a iluminação correta, perfeita e suprema porque se entregam à perfeição da sabedoria.

8 O Ensinamento Posto ao Alcance dos Não Iluminados.
Por isso, as pessoas devem saber que o Prajnaparamita é o grande mantra, o mantra do grande conhecimento, o mantra supremo, o mantra inigualável, na verdade, o apaziguador de todo sofrimento — pois o que poderia ser errado? Pelo Prajnaparamita esse mantra foi revelado. Ele diz: Ó vós que fostes, ó vós que fostes, ó vós que fostes além, que fostes todos além. Oh, que despertar! Salve! Assim termina o Coração da Sabedoria Perfeita.

---

* Os assim chamados atributos: forma, sensação, percepção, vontade ou impulso e consciência. Com a ajuda desses cinco agregados, nossa mente cria a consciência do ego.

As linhas verticais são lidas da direita para a esquerda e de cima para baixo:

1ª coluna: Corpo e espírito se desenvolverão melhor com os ensinamentos do Usui Reiki Ryoho
2ª coluna: Lei secreta para atrair felicidade
3ª coluna: Remédio espiritual contra todas as doenças
4ª — 9ª colunas: Os cinco princípios do Reiki

心身改善 臼井靈氣療法教義

招福の秘法

萬病の靈薬

今日丈けは怒るな

心配すな

感謝して

業をはげめ

人に親切に

朝夕合掌して

心に念じ

口に唱へよ

Os Três Pilares do Reiki

O sistema de Reiki do dr. Usui tinha por base três pilares: *Gassho*, *Reiji-Ho* e *Chiryo*.

Gassho

Literalmente, Gassho significa "duas mãos postas", e é uma forma de meditação ensinada pelo dr. Usui. A Meditação Gassho sempre era feita no início dos cursos ou encontros de Reiki promovidos pelo dr. Usui. É recomendável praticá-la logo ao levantar ou antes de deitar, durante 20-30 minutos. Pode-se fazê-la individualmente ou em grupo. As meditações em grupo são uma experiência extraordinária, pois a energia aumenta muito além da soma das energias individuais dos participantes.

A Meditação Gassho é muito simples e acessível a pessoas de todas as idades. Gostar dela ou não gostar é outra questão. De minha parte, sinto-me muito bem com ela e a recomendo com entusiasmo. Depois de três dias de prática, e com base em suas próprias sensações, você saberá se ela é a meditação "certa" para você. Então, se possível, procure fazê-la todos os dias durante três meses pelo menos.

Porém, se depois de um ou dois dias você sentir alguma inquietação, irritação ou outra forma de aborrecimento, é possível que essa meditação não seja apropriada para você. Nem todos os remédios são bons para todos os doentes. Apenas deixe passar algumas semanas, e faça nova experiência.

Muitas pessoas experientes em meditação sabem como é difícil deixar tudo de lado e abandonar nossa mente racional e o diálogo interior. No entanto, tendemos a esquecer exatamente quando queremos nos lembrar de algo! Sugiro que você procure não se identificar com seus pensamentos, sentimentos e sensações durante a meditação, mas também que não se feche a eles. Sempre que tentamos nos fechar, o diálogo interior se intensifica.

- Para praticar ou meditação Gassho, sente-se com os olhos fechados e as mãos postas diante do peito. Concentre toda a atenção no ponto onde os dois dedos médios se tocam. Procure esquecer tudo o mais. Se pensamentos sobre o almoço, sobre as atividades do dia ou sobre outras coisas começarem a passar pela sua mente, apenas observe-os e veja-os afastarem-se.

- Não há nada a conseguir. Por isso, relaxe o quanto puder e em seguida volte ao ponto onde os dedos médios se encontram.
- Se manter as mãos postas diante do peito durante vinte minutos lhe causar dor, leve-as lentamente, mas unidas, a descansar sobre o colo; continue a meditar.
- Fenômenos energéticos também podem ocorrer, como o aquecimento das mãos ou da coluna: observe essas alterações, mas não se deixe influenciar por elas. Volte sempre a concentrar a atenção no ponto de contato dos dedos médios.
- Se for preciso mudar de posição, movimente-se lentamente: com intenção e consciência. Na minha experiência, é mais fácil meditar mantendo a coluna reta, o mais possível, e sem deixar a cabeça pender para a frente, para trás ou para os lados. Imagine sua cabeça presa a um balão cheio de gás que a mantém suavemente na posição perfeita. Se tiver problemas nas costas ou não tiver o costume de se sentar sobre os calcanhares, recomendo que se sente numa cadeira com espaldar, ou com travesseiros ou almofadas, ou ainda que apóie as costas na parede. Não há nada que impeça que você medite deitado, apenas a forte tendência a adormecer.

No Japão, no tempo do dr. Usui, as pessoas sentavam-se naturalmente sobre os calcanhares. Como essa posição é incômoda para a maioria das pessoas, pode-se perfeitamente usar um banquinho ou uma cadeira.

Reiji-Ho

Reiji significa "indicação da energia Reiki". *Ho* significa "métodos". (No diário de Hawayo Takata, este método e a técnica de respiração apresentada no capítulo seguinte foram mencionados num registro do mês de maio de 1936.)

Reiji-Ho constitui-se de três breves rituais que são realizados antes de cada tratamento:

- Junte as mãos diante do peito, na postura Gassho, e feche os olhos. Em seguida, entre em sintonia com a energia Reiki. É muito simples fazer isso: peça à energia Reiki que flua através de você. Em alguns segundos, ela se manifestará. Talvez você a sinta entrar pelo chakra da coroa ou a sinta inicialmente no coração ou nas mãos. É irrelevante em que parte do corpo a indicação se manifesta. Se for reikiano do Segundo Grau, você pode usar o símbolo do tratamento a distância para entrar em sintonia com a força do Reiki. Repita mentalmente três vezes o desejo de que o Reiki flua, projete o símbolo da "cura mental" e feche a seqüência com o símbolo do poder. Esses dois símbolos são ensinados no Segundo Grau do Reiki. Ao sentir a energia, passe para a etapa seguinte.
- Reze pela recuperação e/ou saúde do paciente em todos os níveis. Aqui eu gostaria de ressaltar que, em geral, não sabemos o que é "bom" ou "ruim" para nossos pacientes. Entregue os termos "recuperação" e "saúde" aos cuidados da energia Reiki e torne-se um instrumento dela.
- Leve as mãos postas para junto do terceiro olho e peça ao poder do Reiki que guie suas mãos para os pontos onde a energia é necessária.

À primeira vista, esta técnica pode parecer estranha, contradizendo o que você aprendeu sobre o Reiki. Todavia, baseado na minha prática, incentivo a todos que façam experiências com ela. Não sou uma pessoa com forte orientação visual; por isso, não é fácil para mim ver no nível etérico. Por isso, durante muitos anos usei um pêndulo para localizar as áreas do corpo com cargas negativas. Mas, desde que comecei a praticar Reiji, não preciso mais do pêndulo.

Suas mãos sabem o que está acontecendo; por isso, aprenda a confiar nelas. Talvez alguns pensem que a intuição é algo que precisa ser aprendido e desenvolvido. A realidade, porém, é bem outra: todos somos basicamente intuitivos. Apenas precisamos aprender a ouvir a inspiração que já está presente e "traduzi-la" corretamente.

Como entrar em contato com a intuição e em que área ela se manifesta são processos diferentes para cada pessoa. Eu gosto muito de música, o que me torna uma pessoa que se poderia chamar de auditiva. Percebo intensamente o meu ambiente com o sentido da audição e "ouço" a minha inspiração; por exemplo, neste exato momento, estou ouvindo este texto à medida que o escrevo.

Caso você se sinta inseguro, procure observar em que situações da vida sua intuição já se revelou correta. É certo que há uma atividade durante a qual isso acontece — talvez (como acontece com minha mulher) enquanto você toma banho, cozinha, passeia ou dirige o carro. Daí leve essa habilidade para outras áreas da sua vida.

Mas voltemos ao trabalho com o nosso paciente. Talvez você veja onde um bloqueio de energia se localiza no corpo ou no plano sutil. Você pode senti-lo, ou sentir-lhe o cheiro, talvez?

É fácil realizar o ritual do Reiji de uma maneira mecânica, mas não é disso que estou falando. Procure envolver-se com todo o seu coração sempre que o praticar, como se fosse sempre a primeira vez. Os componentes mais importantes envolvidos aqui são amor e atenção. Esses dois atributos mostrarão a seu cliente e a você o caminho da cura e do bem-estar.

Chiryo (chakra da coroa)

Chiryo

Chiryo significa "tratamento". No tempo do dr. Usui, o tratamento era dado ao modo japonês. O paciente deitava-se no chão, num colchonete ou num tatame (esteira de palha).

- O praticante ajoelhava-se perto do cliente. Felizmente, não há nada a dizer contra aplicar um tratamento numa mesa de massagem.
- O praticante põe a sua mão dominante sobre o chakra da coroa do cliente (ver foto) e espera até que haja um impulso ou inspiração, que é então seguida pela mão.
- Durante o tratamento, o praticante dá liberdade às mãos e as mantém sobre as áreas doloridas do corpo até que a dor desapareça ou até que as mãos se afastem do ponto por impulso próprio e procurem uma nova área para tratar.

O dr. Usui usava muitas técnicas de tratamento; algumas delas são descritas mais detalhadamente no capítulo "As Técnicas de Tratamento", que começa na página 25.

Entendo os três pilares do Reiki da seguinte maneira:
1. Com a *Meditação Gassho*, colocamo-nos em estado de meditação, unimo-nos ao universo. Limpamos a casa antes que o convidado — neste caso, a energia Reiki — chegue. Na Índia, Gassho chama-se *Namaste*, que significa "Saúdo o deus que está em você". Alcançado esse estado, podemos dar o passo seguinte. A Meditação Gassho é praticada diariamente, podendo ser feita antes do tratamento e durante o Reiji, que também é realizado com as mãos postas diante do peito. Ela ajuda o coração a entrar em sintonia com o tratamento. Ela também nos ensina a associar a postura das mãos postas diante do peito com a meditação. Quando juntamos as mãos e fechamos os olhos, entramos automaticamente em estado de meditação.
2. O *Reiji* só pode ser praticado eficazmente quando o ego, por meio da meditação, fica "desligado" temporariamente. À primeira vista, o Reiji parece um ato intencional, mas na realidade nós nos devotamos à energia Reiki com o Reiji. E devoção não tem objetivo. A atitude espiritual no Reiji é: seja feita a Vossa vontade. Afinal, não somos nós que realizamos a cura; na melhor das hipóteses, ela acontece por nosso intermédio.

Um breve ritual antes do tratamento pode ser muito útil. Lave as mãos em água corrente, fria, e enxágüe rapidamente a boca. Na sala de tratamento, sente-se ou fique de pé na postura Gassho. Feche os olhos e deixe de lado as preocupações, pensamentos e sensações. Passe então para o Reiji.
3. Depois de começar a meditação *Chyrio*, você não precisa mais se preocupar com a cura nem com qualquer outro objetivo do tratamento.

Toque e Cura

Se estiver com as mãos frias, esfregue-as vigorosamente algumas vezes até esquentá-las, pois mãos frias sobre uma parte do corpo retiram temporariamente o calor dessa parte. Mesmo quando tratamos uma pessoa com febre, não temos em mente absorver a febre da pessoa, transferindo-a para nós. Sempre é possível tirar uma doença do corpo e passá-la para plantas, por exemplo. Esses métodos não são totalmente seguros, porém, e por isso só devem ser aplicados por pessoas que sabem exatamente o que estão fazendo.

Às vezes ouço pessoas dizerem que sentem a energia saindo delas durante um tratamento de Reiki. Alguma coisa está errada com esse tipo de tratamento. Na minha experiência, os que foram iniciados adequadamente no Reiki não deixam o paciente debilitado nem enfraquecem a si mesmos. De fato, o cosmos fornece energia para ambos os envolvidos – o que aplica o tratamento e o que o recebe. Durante uma sessão de Reiki, se você respirar como descrevo no próximo capítulo, será impossível tirar energia de um paciente.

Para expressar uma situação que produziu sentimentos muito fortes no nosso coração ou na região abdominal, dizemos: "Isso me tocou." Devemos sentir-nos felizes por termos a possibilidade – em virtude do poder do Reiki – de aprender a arte do toque.

Toque e cura são dois aspectos de uma mesma unidade. Todos os seres humanos do planeta tocam automaticamente o ponto da cabeça que foi atingido. Em muitas culturas, ao se saudarem, as pessoas trocam apertos de mãos, se beijam ou abraçam. Com esse primeiro toque, uma pessoa sensível sente diretamente em que nível se desenvolverá o encontro com a outra pessoa.

Aparentemente, os animais se assemelham a nós nesse sentido: Tao, nossa gata, parece saber instantaneamente se a mão que a toca lhe transmite amor, energia, medo ou indiferença.

Nesse contexto, há um exercício simples que você pode fazer com um parceiro.

- Dê a mão ao parceiro ou coloque-a sobre algum ponto do corpo dele, sem dizer que, com o toque, você lhe passa um sentimento de amor e afeto; deixe que ele mesmo sinta o que você transmite. Troquem de papéis e repitam o exercício pelo tempo que quiserem.

A imposição das mãos é uma das coisas mais naturais do mundo. No Japão, ela é chamada de *Te a te*, e meu sogro disse-me recentemente, enquanto degustávamos um copinho de saquê, que ele sempre coloca as mãos sobre o ponto dolorido do corpo. Na Europa, essa arte infelizmente se perdeu depois da Segunda Guerra Mundial. Minha mãe se lembra de que havia alguém na vila onde ela morava que impunha as mãos sobre os habitantes do lugar.

Uma vez mais, as mulheres estão um pouco à frente dos homens na arte de tocar. Graças a seus instintos maternais, sua natureza básica as predispõe a tocar as pessoas, e também a si mesmas, amorosamente e sem nenhum propósito sexual.* O toque deixa alegres e satisfeitas a pessoa que toca e a que é tocada.

Existem na verdade apenas dois tipos de toque: o toque consciente, amoroso, e o toque inconsciente, indiferente. No início de minhas atividades como professor de Reiki, ainda inexperiente, eu dizia a meus alunos que eles podiam tratar-se enquanto assistiam à televisão. Hoje vejo as coisas de outro modo, e digo-lhes: durante o tratamento, o quanto possível, procurem manter uma atitude de recolhimento e meditação, sem deixar-se levar pela tensão. Dêem a seu paciente – ou a si mesmos, se estiverem aplicando um autotratamento – tudo o que vocês têm. Deixem que todo o seu coração, todo o seu ser flua para o toque, sem reter absolutamente nada.

Imagine que esse seja o último momento da sua vida.

Um tratamento de Reiki feito desse modo é meditação pura.

Ao tratar outra pessoa, esteja aberto a tudo o que seus sentidos perceberem, mas não se deixe levar por eles, dentro do possível. Seja a personificação da atenção: registre cada pensamento, cada sentimento, cada inspiração, mesmo que pareçam totalmente irrelevantes. Observe atentamente o seu paciente. Observe a cor da pele dele e a posição do corpo. Os membros estão estendidos naturalmente? A coluna está reta ou apresenta desvios? O corpo se mexe durante o tratamento? Tem contrações? É frio, quente ou o meio-termo? A respiração é profunda ou superficial, regular ou irregular? Você sente tensão, *stress*, emoções ou alguma outra coisa? Que expressão facial seu cliente demonstra? Como se apresenta a aura dele?

Lembre-se de todas essas informações, trabalhe com elas e – se achar importante – comunique-as depois ao paciente. Se você não confia na sua memória, tenha caneta e papel à mão.

> *Assim Chiryo (tratamento) baseia-se em Reiji*
> *(devoção) e Gassho (postura/atitude meditativa).*
> *Só quando conseguimos dedicar-nos, evitando*
> *a interferência de pensamentos e sentimentos,*
> *é que nos tornamos instrumento para a*
> *energia universal da vida.*

Mas agora passamos a um tópico muito importante, freqüentemente negligenciado no Reiki ocidental até o momento: a respiração.

---

* As sensações sexuais são as mais naturais no mundo. Porém, se a sexualidade é reprimida, ela passa a se manifestar em outro lugar, em geral de maneira indesejada. Até agora, somente alunos do sexo masculino me perguntaram o que podem fazer quando se sentem sexualmente excitados durante um tratamento de Reiki. O método mais simples é pensar em alguma outra coisa! Se o estímulo é tão forte que esse método não funciona, inspire pelo nariz e imagine a energia fluindo para o corpo através do primeiro chakra. Assim como o ar desce até o abdômen, a energia sobe na direção oposta, do primeiro ao sexto chakra, até o nariz. Ela sai rapidamente do corpo nesse ponto, para voltar ao canal de energia com a expiração e então descer ao primeiro chakra. A energia sai rapidamente do corpo ali, e todo o processo se repete com a respiração seguinte.

A Respiração

A respiração é a ponte entre o corpo e a consciência. Todas as tradições esotéricas dão à respiração um significado especial.

Pela respiração, os seres humanos e os animais aspiram não somente uma mistura de vários gases, mas também alguma coisa misteriosa que no nosso meio chamamos de Reiki. Na Índia, esse algo se chama *Prana*, na China, *Chi*, no Japão, *Ki*, e Wilhelm Reich o chamou de *energia orgônica*.

Meu mestre espiritual, Osho, e minha instrutora de Tai Chi, Da Liu, de quem aprendi os princípios fundamentais dessa arte durante uma visita de seis meses a Nova York em meados da década de 80, diziam que a respiração é o veículo e que o passageiro é a energia que entra com ela: o elixir da vida.

Na Índia e no Egito, durante milhares de anos adeptos se enterravam vivos por um certo período de tempo. Uma dessas pessoas teria sobrevivido a esse exercício por vinte anos. Para sobreviver assim, sem oxigênio, ela aprendera a absorver a energia vital em seu sistema energético de outros modos que não por meio da respiração. Cada célula da pele é capaz de respirar e faz isso sem a concorrência da nossa mente consciente.

Há também pessoas que aprenderam com a prática a se alimentar de *Prana* e comem pouco, ou então não ingerem alimento sólido absolutamente nenhum. Não quero sugerir que você se enterre vivo ou que deixe de comer. Eu apenas quero despertar o seu interesse para algo muito simples e discreto: aprender a usar a respiração como veículo.

Joshin Kokyuu-Ho

Com esse objetivo, o dr. Usui ensinava a seus alunos uma técnica de respiração chamada *Joshin Kokyuu-Ho*. Numa tradução aproximada, essa expressão significa "método de respiração para limpar o espírito". Os praticantes de Tai Chi e de outras artes marciais usam uma variação dessa técnica para aprender a sentir e intensificar o fluxo da energia. Nós também a usamos para nos carregar de energia.

De acordo com o dr. Usui, ela é feita do seguinte modo:
- Sente-se confortavelmente, mantendo a coluna reta e livre de tensões; inspire lentamente pelo nariz. Imagine que você inspira pelo nariz não apenas ar, mas também energia Reiki pelo chakra da

coroa. Muitas pessoas sentem a energia entrar diretamente pelo chakra da coroa. Pessoalmente, sinto-a como uma espécie de pressão extática ou como algo que desce suavemente sobre mim e me energiza. Outras pessoas a sentem como luz ou calor. Se você não a sentir diretamente, não se preocupe; apenas continue respirando calma e serenamente.

Com o tempo, o efeito desse exercício se manifestará como uma forte sensação da energia fluindo através de você. Sinta como todo seu corpo se enche de energia durante essa respiração e dirija o ar até o abdômen e daí até o centro de energia dois ou três dedos abaixo do umbigo. No Japão, esse centro se chama *Tanden*; os chineses lhe dão o nome de *Tantien*.

O Tanden

O *Tanden* é o centro do corpo, a sede da vitalidade da pessoa. Como você verá abaixo, esse centro exerce uma função importante nas posições das mãos definidas pelo dr. Usui.

Retenha o ar e a energia que você inspirou com ele no Tanden durante alguns segundos. Como não se trata de fazer parte no *Guinness Book*, seja amável e gentil consigo mesmo neste exercício. Queremos dar ao corpo amor e energia, não *stress* e medo da vida. Enquanto retém a respiração, imagine a energia do Tanden distribuindo-se por todo o corpo, energizando-o.

Em seguida, expire pela boca. Ao fazê-lo, sinta e imagine o ar e a energia Reiki saindo pela boca, pela ponta dos dedos das mãos e dos pés e pelos chakras desses membros do corpo. É assim que nos tornamos um canal limpo para o Reiki. A energia nos chega do cosmos e retorna ao cosmos. O ciclo de energia do macrocosmos para o microcosmos, e vice-versa, se completa.

No Tai Chi e no Qigong, os instrutores sempre recomendam o seguinte para exercícios respiratórios semelhantes: ao inalar, mantenha a língua no céu da boca, tocando os dentes; ao exalar, solte-a e descanse-a na parte inferior da boca.

Eu gosto de mostrar este exercício aos meus alunos ficando de pé, pois assim é mais fácil sentir o Tanden na barriga; quando nós mesmos sentimos, não precisamos depender do que outras pessoas dizem sobre um determinado assunto. Todos temos nossos centros de energia em pontos que variam ligeiramente de uma pessoa para outra.

O exercício é assim:
- Fique de pé, mantendo os pés paralelos entre si e afastados por uma distância equivalente à largura dos ombros. Os dedos apontam diretamente para a frente. Nessa posição, dobre um pouco os joelhos até sentir o ponto central abaixo do umbigo, no Tanden. Mantenha essa posição e continue como descrito acima. Inspire e expire profunda, regular e lentamente durante dez minutos. Sinta o ar e a energia fluírem por todo o seu corpo enquanto executa o exercício.

Pratique essa técnica enquanto trata a si mesmo ou outras pessoas. Pessoalmente, uso-a durante quase todo o tratamento. Chetna a usa somente quando quer enviar mais energia a áreas específicas do corpo.

Como descrevo no próximo capítulo, o dr. Usui, além da imposição das mãos, usava massagem, pressão e leve percussão. Assim, se você quer acrescentar acupressura a um tratamento de Reiki ou energizar pontos específicos de acupuntura ou áreas menores do corpo, respire do modo explicado acima e libere a energia conscientemente ao exalar. Se usar pressão, aumente-a ao exalar e reduza-a ao inalar.

Contra-indicação: Os praticantes de Reiki que têm pressão muito alta ou asma não devem usar essa técnica respiratória. Se você tiver uma sensação de aperto, pare imediatamente. Inspire e expire normalmente, deixando a respiração seguir seu ritmo regular.

Como Armazenar Energia Vital no Tanden

Desde meados da década de 80, Chetna vem fazendo algumas experiências com os métodos de tratamento de Haruchika Noguchi (1911-1976), um dos maiores agentes de cura da história do Japão. Ele dá as seguintes orientações para armazenar a energia vital no Tanden para que ela flua para fora das mãos:

"Acalme a mente e a respiração para purificar a energia" (na minha experiência, nossa energia, nossa respiração fica impregnada de emoções e pensamentos, motivo pelo qual nosso primeiro objetivo deve ser purificar a energia e a respiração). "Em seguida, inspire profundamente de baixo para cima, pela espinha, e dirija a energia para o Tanden. Retenha o ar; o Tanden se encherá de energia. Exale pelos dedos. Ao sentir a energia fluir para os dedos e palmas das mãos, comece o tratamento."

Noguchi denominou sua técnica de tratamento *Yuki*. Ela é feita da seguinte maneira:

- Comece com o exercício acima.
- Concentre a energia nas mãos, junte as mãos (Gassho) e imagine que está inalando e exalando através das mãos postas. Aprofunde a respiração cada vez mais, a ponto de parecer que está inalando para o Tanden através das mãos (juntas) e exalando em seguida. Ao tocar uma área do corpo carregada negativamente, você sentirá um formigamento nas mãos. Mantenha as mãos nesse ponto até que o formigamento desapareça.

As Técnicas de Tratamento

O dr. Usui usava várias técnicas de tratamento, por ele compiladas num texto extraordinário, o Usui Reiki Ryoho [Sistema Usui de Cura Natural]. Na entrevista já publicada em *Reiki, The Legacy of Dr. Usui*, quando perguntaram ao dr. Usui se o *Usui Reiki Ryoho* usa remédios e se apresenta algum tipo de efeitos colaterais, respondeu: "Ele não usa remédios nem instrumentos. Usa apenas o olhar, o sopro, o deslizamento, percussão (leve) e o toque (da parte afetada do corpo). É isso que cura as doenças." Sem essas técnicas, não seria possível compreender o trabalho corporal intuitivo do dr. Usui.

Toque (foto 1)

1. Ele tocava as partes afetadas do corpo.
2. Massageava-as (foto 2).
3. Aplicava a percussão* (foto 3).
4. Aplicava o deslizamento (foto 4).
5. Soprava-as (foto 5).
6. Fixava o olhar nessas partes durante dois, três minutos (foto 6).
Há uma técnica extra que eu aprecio de modo especial:
7. Dirigia-lhes a energia especificamente (foto 7).

Massagem (foto 2)

Percussão (foto 3)

Uma escola de Reiki japonesa ensina que o dr. Usui recebia a energia Reiki com a mão esquerda e a passava com a direita. Diz-se que ele juntava as pontas dos dedos da mão esquerda, como se segurasse um ovo. As pontas dos dedos médio e anular da mão direita tocavam a ponta do polegar direito. Os dedos mínimo e indicador formavam um ângulo de noventa graus com relação aos dedos médio e anular (foto 7).

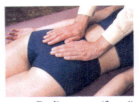

Deslizamento (foto 4)

Meu velho amigo e professor de Reiki, Agehanand Popad, me disse que ele foi tratado exatamente desse modo por um agente de

25

Sopro (foto 5)

Olhar (foto 6)

Direção específica da energia (foto 7)

cura indiano. Na nossa experiência, a energia Reiki emitida desse modo torna-se um raio laser com um efeito muito intenso sobre uma pequena área do corpo, como um dente ou um ponto de acupuntura, por exemplo.

As técnicas de cura a distância usadas pelo dr. Usui não precisam ser mencionadas em detalhe aqui. Supostamente, ele as usava com freqüência, mesmo quando a pessoa a ser tratada estava numa sala ao lado. Ele também recomendava que trabalhássemos com fotografias sempre que possível.

* *Da Liu* diz que a técnica de percussão de Chen T'wan, um filósofo taoísta, foi definida no século X. Tradicionalmente, a percussão era aplicada ao longo dos canais psíquicos – Tu Mo, Jen Mo, Tai Mo, Ch'ueng Mo, Yang Wei Mo, Yin Wei Mo, Yang Chiao e Ying Chiao. (Ver o *Taoist Health Exercise Book*, de Da Liu, Athena Books, ISBN 1-56924-901-6). No Japão, até o cabeleireiro pode aplicar-lhe uma massagem de percussão. Para isso, ele usaria a palma das mãos ou então os três lados do punho ligeiramente fechado (ver foto 3). Alguns praticantes de artes marciais chegam a pedir pedaços de madeira, tijolos ou facas para esse propósito! Por favor, não tente fazer isso!

Reiki Ryoho Hikkei

Posições das Mãos Ensinadas pelo dr. Usui

Apresento a seguir as posições originais adotadas pelo dr. Usui, que as dividiu em onze capítulos. Os termos japoneses importantes estão em itálico e minhas observações e explicações estão entre parênteses. As posições foram traduzidas do japonês por minha mulher e por mim. Como o dr. Usui usava principalmente a mão direita para tratar as pessoas, as fotografias mostram mais essa mão. Para algumas posições em áreas pequenas do corpo, usei um, dois ou três dedos; não há nada de especial na escolha dos dedos.

Não cabe a mim dizer se as pessoas que usam a mão esquerda como dominante devem tratar com essa mão. Sugiro que façam experiências e optem pela alternativa que melhor lhes convier.

Sugiro que as pessoas cuja mão dominante é a esquerda experimentem e resolvam por si mesmas se devem ou não tratar com essa mão.

A dimensão do corpo do paciente e o tamanho das mãos do praticante definem o local exato das posições das mãos. Se suas mãos forem pequenas ou se o seu paciente for muito grande, talvez você precise acrescentar uma posição numa área ou outra.

Basicamente, não há regras com relação ao tempo de duração de um tratamento. Em caso de dor, o dr. Usui recomenda manter as mãos sobre a área afetada, ou quatro, cinco centímetros acima, até que a dor desapareça. Deixe que as mãos sigam o ritmo delas, se elas quiserem permanecer numa mesma posição por um, dez ou trinta minutos não importa. O sr. Ogawa recomendava ficar nas posições da cabeça em torno de trinta minutos. Na minha opinião, o mais importante em tudo isso é você seguir sua própria intuição e suas mãos.

Antes de um tratamento específico, considero fundamental dizer ao paciente quais partes do corpo serão tocadas, para que ele fique preparado. Quanto mais relaxado o paciente estiver, mais agradável será o tratamento. Entretanto, a energia Reiki flui mesmo quando o paciente está tenso, comatoso ou cético.

Ao trabalhar com o método *Reiji*, você naturalmente não saberá de antemão a que partes do corpo suas mãos se dirigirão. É importante levar o paciente a confiar em você o máximo possível.

Nas páginas 72-76, você encontra as posições exatas para todas as enfermidades.

Para encontrar as posições exatas das vértebras, veja descrição detalhada (e ilustrada) na página 79.

Para não sobrecarregá-lo com centenas de fotos, reservamos o primeiro capítulo para ilustrar com posições detalhadas das mãos (fotos) os tratamentos de certas regiões do corpo e dos distúrbios e indisposições mais freqüentes. Incluímos também algumas linhas sobre as funções dos órgãos internos. Para doenças raras, só as posições das mãos são mostradas (como no *Manual de Reiki Original* do dr. Usui). Todas as posições das mãos do *Manual de Reiki Original* do dr. Usui são reproduzidas em fotografias no fim deste livro. Você pode consultar aí as posições exatas para os casos especiais.

Índice do Reiki Ryoho Hikkei

四、明治天皇御製 5)

三、療法指針 4)

二、公開伝授説明 3)

一、臼井靈気療法教義 2)

目次 1)

1 Índice

2 A Doutrina do Usui Reiki Ryoho

3 Iniciação (Introdução) ao Público

4 Ryoho Shishin — Indicação(ões) para Tratamento

5 A Poesia do Imperador Meiji

1 Tratamento Básico de Partes Específicas do Corpo

Manual do Reiki Ryoho

Reproduzimos aqui a página 20 do livro original. Ela descreve algumas posições de tratamento adotadas por Dr. Usui.

霊気療法必携

鼻　耳　口　舌　咽　肺　心

　　　　　　　　　　喉　　臓

鼻骨、鼻翼、眉間、頚部（第一、二、三頚椎）

耳孔、耳ノ前部及後部（乳嘴突起）第一頚椎

唇ヲ除ケテ手ニテ蔽フ

舌ノ上面、舌根

甲状軟骨、頚部

肺部、背部肩胛骨ノ内側、第二、三、四、五、六胸椎

心臓部、第五、六、七頚椎、第一、

30

–1–
Tratamento Básico de Partes Específicas do Corpo

Cabeça

Testa, têmporas, região occipital, garganta/nuca, topo da cabeça, estômago e intestinos.

(Os caracteres chineses para a nuca e para a garganta são idênticos; por isso, não está claro a que parte do corpo o ideograma se refere. Recomenda-se tratar as duas áreas, a garganta e a nuca. Como quase todos os problemas que temos são produto da mente, o dr. Usui também recomenda tratar a cabeça diretamente. O objetivo não é só tratar doenças, mas também relaxar tensões psicológicas e bloqueios energéticos. Uma excelente meditação hindu nos sugere posicionar as palmas das mãos sobre os ossos malares e, mantendo-as leves como uma pena, tocar os globos oculares. Esse leve toque nos põe em estado de meditação profundo em poucos minutos. Ao fazer isso, deixe fluir a energia Reiki — e também os símbolos, caso os tenha aprendido.)

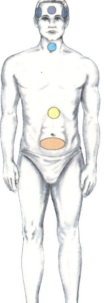

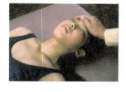
1 Testa

2 Têmporas

3 Região occipital

4 Nuca

5 Garganta

6 Topo da cabeça

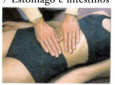
7 Estômago e intestinos

Testa
Têmporas
Região occipital
Nuca
Garganta
Topo da cabeça
Estômago e intestinos

31

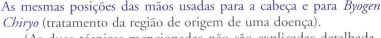

1 Tratamento Básico de Partes Específicas do Corpo

Técnica para Baixar a Febre, Genetsu-Ho:

As mesmas posições das mãos usadas para a cabeça e para *Byogen Chiryo* (tratamento da região de origem de uma doença).

(As duas técnicas mencionadas não são explicadas detalhadamente. Para a técnica *Genetsu-Ho*, o sr. Ogawa recomenda posicionar a mão ou as mãos especificamente no topo da cabeça.

Verifiquei que a febre pode exercer um efeito curativo, desde que não seja muito alta — menos de 39,5ºC (103ºF). Nesse caso, deixo que minha intuição resolva se devo tentar baixar a febre ou não. Se ela exceder os 39,5º, aplico os métodos sugeridos pelo dr. Usui antes de encaminhar a pessoa a uma consulta médica.

Por um processo natural, uma febre moderada purifica um corpo que teve um aumento de toxinas. Como conseqüência, uma coluna espinhal desequilibrada pode até endireitar-se por si mesma.)

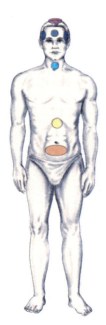

1 Testa

2 Têmporas

3 Região occipital

4 Nuca

5 Garganta

6 Topo da cabeça

■ *Testa*
■ *Têmporas*
■ *Região occipital*
■ *Nuca*
■ *Garganta*
■ *Topo da cabeça*
■ *Estômago e intestinos*

7 Estômago e intestinos

1 Tratamento Básico de Partes Específicas do Corpo

Olhos, ponto entre os olhos e o nariz, entre os olhos e as têmporas; primeira, segunda e terceira vértebras cervicais.

Olhos

(Nossos olhos são constantemente submetidos as tensões de um mundo e de uma economia baseados em estímulos visuais. Os fatores mais perniciosos são assistir à televisão durante muito tempo, ler com concentração e trabalhar com computador. Um remédio eficaz é encher um travesseiro com linhaça e energizá-lo com Reiki Um ou Dois antes de dormir.

Além disso, adote o hábito de fazer uma pausa a cada hora pelo menos. Outra medida preventiva é desviar os olhos do monitor/livro com freqüência e olhar para um objeto a cinco ou seis metros de distância.)

8 Olhos

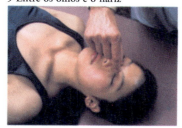
9 Entre os olhos e o nariz

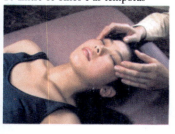
10 Entre os olhos e as têmporas

43 Área das vértebras cervicais 1-3

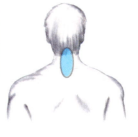

Olhos ■
Entre os olhos e o nariz ■
Entre os olhos e as têmporas ■
Áreas das vértebras cervicais 1-3 ■

33

Nariz

Osso nasal, laterais do nariz, meio da testa, garganta/nuca, vértebras cervicais 1-3

(Os distúrbios relacionados com o nariz e com os seios nasais, como também as alergias, estão aumentando rapidamente em nosso ambiente poluído. Felizmente, por meio de uma dieta especial podemos evitar os problemas mais graves ligados às condições acima: em qualquer caso, evite todos os produtos lácteos e alimentos que produzem muco, pelo menos enquanto a enfermidade persistir.

Um bom remédio caseiro para limpar o nariz é uma colher de chá de rábano-rústico ralado — fresco — adicionado a uma xícara de água fervente. Tomar como chá.)

- ■ *Osso nasal*
- ■ *Laterais do nariz*
- ■ *Meio da testa*

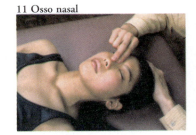
11 Osso nasal

12 Laterais do nariz

13 Meio da testa

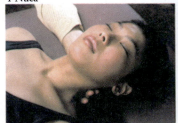
4 Nuca

5 Garganta

43 Áreas das vértebras cervicais 1-3

- ■ *Nuca*
- ■ *Garganta*
- ■ *Áreas das vértebras cervicais 1-3*

1 Tratamento Básico de Partes Específicas do Corpo

Canal auditivo, partes anterior e posterior da orelha, primeira vértebra cervical.

Ouvidos

(Se você tratar as duas orelhas ao mesmo tempo, o benefício será duplo: os dois hemisférios do cérebro serão sincronizados. Em nossa experiência, as mãos posicionadas sobre as orelhas podem afastar-se — por si mesmas — de dois a três centímetros do corpo. Elas ficam nessa posição durante algum tempo e em seguida podem afastar-se ainda mais, trabalhando a aura antes de descansar novamente sobre o corpo físico.

Aplico a mesma técnica para tratar clientes com derrame cerebral brando. Na continuação, você pode "estacionar" as mãos no Tanden durante dez ou quinze minutos.)

Conduto auditivo
Partes anterior e posterior da orelha

14 Canal auditivo

15 Partes anterior e posterior da orelha

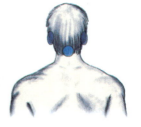

42 Área da vértebra cervical 1

Partes anterior e posterior da orelha
Vértebra cervical 1

35

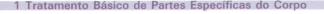

1 Tratamento Básico de Partes Específicas do Corpo

Boca

Coloque a mão sobre a área da boca sem fechar os lábios.

(Experimente em si mesmo a sensação de cobrir e fechar a boca – e então você saberá por que o dr. Usui diz que não devemos fazer isso. Mas manter a boca fechada de vez em quando certamente pode ser um bom exercício para muitas pessoas! Como em português, o ditado japonês *chinmoku wa kin* também quer dizer "o silêncio é de ouro".

Se o paciente estiver inconsciente, há um ponto de acupressura muito eficaz no centro do lábio superior (ver foto 21) que pode fazê-lo recobrar a consciência.)

■ *Área da boca (não feche os lábios)*

16 Área da boca, sem fechar os lábios. (Nessa posição, pessoalmente, por achar apropriado, mantenho a mão esquerda no meu chakra da coroa, e não no do paciente, como mostra a foto.)

(21 Meio do lábio superior)

1 Tratamento Básico de Partes Específicas do Corpo

Língua, raiz da língua.

Língua

(Esta posição pode ser desagradável para algumas pessoas, tanto por motivos de higiene quanto porque ela nos lembra a geralmente temida consulta ao dentista. Por isso, talvez seja melhor tratar a língua com Reiki a distância. Se você não puder fazer isso ou achar que um tratamento direto pode ser mais eficaz, use luvas de látex novas. Certifique-se de que nem o praticante nem o paciente tenham alergia ao látex!

SUGESTÃO DE MEDITAÇÃO: Li num livro sobre o santo indiano Ramakrishna que ele pediu à esposa que escrevesse símbolos sagrados sobre a língua dele. Pedi à minha mulher que fizesse o mesmo na minha língua. Embora as cócegas me fizessem rir, os símbolos do Reiki se fundiram à minha boca, por assim dizer. Foi uma sensação maravilhosa.)

17 Língua (use luvas de látex)

Língua ■
Raiz da língua ■

18 Raiz da língua (use luvas de látex)

37

1 Tratamento Básico de Partes Específicas do Corpo

Garganta

Cartilagem na garganta (pomo-de-adão), garganta/nuca.

(Do ponto de vista anatômico, a garganta é uma parte do corpo facilmente irritável. Por isso, sentimo-nos imediatamente ameaçados quando alguém põe a mão na nossa garganta. Seja, então, especialmente cuidadoso e delicado nesta posição. Pessoalmente, prefiro a posição ilustrada, mas há outras possibilidades. Você pode, por exemplo, ficando de pé ou sentado atrás do cliente, encostar as mãos no maxilar inferior dele. Assim, suas mãos ficarão uns dois ou três centímetros acima da garganta.

MAIS ALGUMAS SUGESTÕES: Contra inflamação da garganta, recomendo chá de gengibre. Rale numa xícara um pedaço de gengibre do tamanho de uma colher de chá e encha a xícara com água quente. Deixe a água esfriar um pouco e em seguida procure bebê-la. Se tolerar uma mistura mais forte, rale um pouco mais de gengibre. Beba o chá em pequenos goles. Pastilhas de zinco também são muito eficientes contra inflamação da garganta.)

■ *Cartilagem na garganta*

■ *Garganta/nuca*

19 Cartilagem na garganta

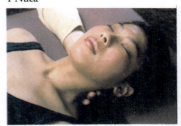
4 Nuca

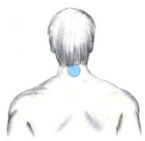

■ *Garganta/nuca*

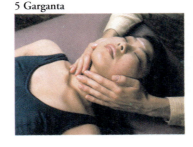
5 Garganta

Região dos pulmões, entre as escápulas, área das vértebras torácicas 2-6

Pulmões

(Os pulmões fornecem oxigênio ao nosso corpo, elemento que compõe um quinto do ar que inalamos. Com o oxigênio, nossas células corporais queimam açúcar, produzindo energia. Os pulmões também expelem o dióxido de carbono.

Como está escrito no capítulo sobre a respiração, o dr. Usui era muito meticuloso quando ensinava a seus alunos o significado da inspiração profunda através do Tanden.

Mesmo quando respiramos normalmente, isto é, quando inspiramos sem ter consciência da energia do cosmos, é útil respirar pelo diafragma. Se for difícil para você no começo, coloque uma das mãos ou ambas sobre a barriga e inspire por esse ponto. Sabemos por experiência que todos podem aprender a respiração abdominal em pouco tempo.)

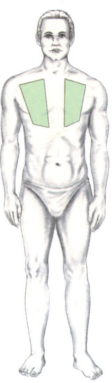

22 Pulmões

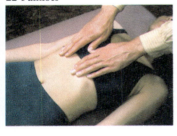

44 Entre as escápulas

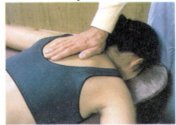

Área dos pulmões ▇

45 Área das vértebras torácicas 2-6

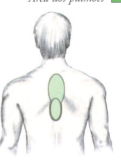

Entre as escápulas ▇
Vértebras torácicas 2-6 ▇

39

1 Tratamento Básico de Partes Específicas do Corpo

Coração

Região do coração, vértebras cervicais 5-7, áreas das vértebras torácicas 1-5.

(Como sabemos, o coração bombeia o sangue através da aorta, a artéria principal, e dela, pelas demais artérias, para os órgãos e tecidos, fornecendo-lhes nutrientes e oxigênio. Ao liberar o oxigênio, o sangue segue pelas veias até os pulmões, onde volta a receber oxigênio. Dos pulmões, ele flui para o coração, onde o ciclo recomeça.

O coração também exerce um papel importante no nosso corpo de energia. No chakra do coração, as energias densas dos chakras inferiores e as energias sutis dos chakras superiores são transformadas em energias de cura, que então fluem para os braços e para as mãos.

Um tratamento de Reiki aplicado ao coração acalma e ajuda o cliente a se sentir amado e protegido.)

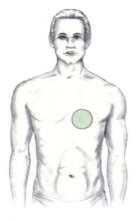

■ *Região do coração*

23 Coração

46 Área das vértebras cervicais 5-7

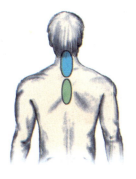

47 Área das vértebras torácicas 1-5

■ *Vértebras cervicais 5-7*
■ *Vértebras torácicas 1-5*

Fígado

Região do fígado, vértebras torácicas 8-10, especialmente no lado direito do corpo.

(O fígado é o maior órgão interno do corpo, e existe um motivo para isso: sua principal tarefa é eliminar as toxinas e os resíduos do corpo e produzir ou processar novas substâncias químicas. Por isso, seja atencioso com seu fígado e não torne a vida dele — e a sua — muito difícil.

Em caso de problemas com o fígado, evite alimentos gordurosos, álcool, nicotina e medicamentos. Felizmente, o fígado tem grande capacidade de auto-regeneração, mas isso não acontece da noite para o dia. Um fígado com lesões graves devidas ao abuso de drogas ou à icterícia precisa de meses, quando não de anos, para se recuperar completamente.

Assim, trate o fígado por um período de tempo proporcional à gravidade da doença. Sugiro pelo menos meia hora de aplicação do tratamento recomendado pelo dr. Usui.)

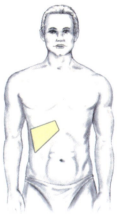

24 Fígado

48 Área das vértebras torácicas 8-10 (principalmente no lado direito)

Fígado ▣

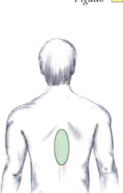

Vértebras torácicas 8-10 ▣
(especialmente no lado direito)

41

1 Tratamento Básico de Partes Específicas do Corpo

Estômago

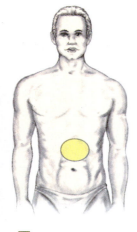

☐ *Estômago*

Região do estômago, vértebras torácicas 4 e 6-10.

(O estômago serve de reservatório para o alimento que ingerimos; é também onde tem início a digestão. É no estômago que os sucos digestivos se misturam com o alimento. Esses sucos transformam o alimento numa massa, a qual então segue para o duodeno e para os intestinos.

Entretanto, o estômago é também a sede das emoções. Sem dúvida, justifica-se que se diga, "Não consigo engolir isso" ou "Preciso antes digerir aquilo."

Em crises emocionais – inclusive quando crianças choram —, sugiro colocar ambas as mãos sobre o estômago e os intestinos da criança durante pelo menos quinze minutos. Pessoalmente, sempre trato o estômago e os intestinos ao mesmo tempo, mas também se pode tratá-los separadamente.)

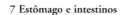

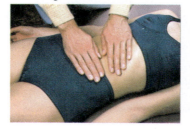

7 Estômago e intestinos

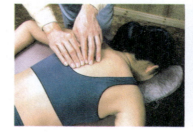

49 Área das vértebras torácicas 4 e 6-10

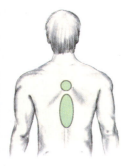

☐ *Vértebra torácica 4*
☐ *Vértebras torácicas 6-10*

1 Tratamento Básico de Partes Específicas do Corpo

Intestinos

Lados superior e inferior do intestino grosso, região do intestino delgado (em torno do umbigo), vértebras torácicas 6-10, vértebras lombares 2-5, nádegas.

(A massa produzida no estômago passa do duodeno para o intestino delgado. É aqui que acontece a digestão propriamente dita. Daqui, a massa continua para o intestino grosso; durante essa passagem, os nutrientes e a água são liberados para o corpo.

Como os intestinos têm muitas voltas e pregas, pode acontecer que substâncias prejudiciais nelas depositadas não sejam eliminadas durante o processo digestivo.

Conseqüentemente, precisamos ser conscientes ao tratar os intestinos. O tratamento dos intestinos ajuda a remover essas toxinas das paredes intestinais para ser então eliminadas. Outros métodos para eliminar essas substâncias são enemas, jejuns ou ingestão de certas ervas curativas, mas esses só devem ser adotados seguindo orientação médica.)

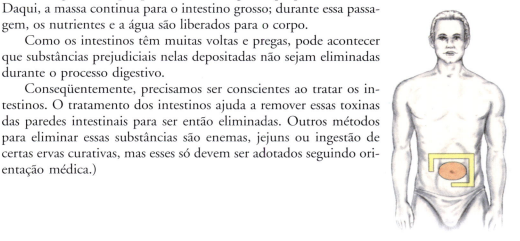

Lados superior e inferior do intestino grosso

Região do intestino delgado (em torno do umbigo)

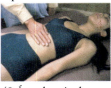

25 Intestino grosso — superior

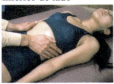

26 Intestino grosso — inferior de lado

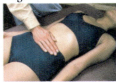

27 Região do intestino delgado

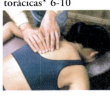

49 Área das vértebras torácicas* 6-10

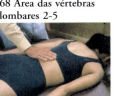

68 Área das vértebras lombares 2-5

54 Sacro, cóccix

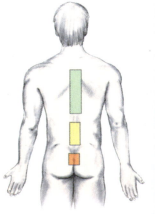

* Observação sobre a foto 49: Nesta posição, pode-se também colocar uma das mãos entre as escápulas – um pouco mais abaixo do que na foto 44 (pág. 75)

Vértebras torácicas 6-10

Vértebras lombares 2-5

Nádegas

43

1 Tratamento Básico de Partes Específicas do Corpo

Bexiga

Região da bexiga, vértebras lombares 4-5.

(Através dos ureteres, a bexiga recebe um fluxo lento, mas constante, de urina, procedente dos rins. A urina então é eliminada pela uretra. A uretra da mulher é muito curta e desprotegida por causa de sua posição anatômica. É por isso que as mulheres se deparam freqüentemente com inflamações urogenitais. Para tratamento, descanse as mãos sobre a bexiga e um pouco abaixo durante quinze minutos, pelo menos.

O risco de inflamação é pequeno para os homens, em virtude das características de sua anatomia. Porém, eles têm outro ponto vulnerável: a próstata, glândula situada bem embaixo da bexiga e ponto de passagem da uretra. Quando a próstata aumenta, é difícil urinar. Trate a região inferior da bexiga por quinze minutos, pelo menos.)

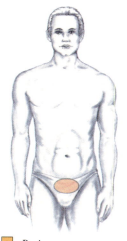

■ *Bexiga*

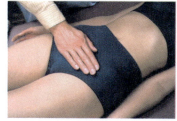

28 Região da bexiga

78 Área das vértebras lombares 4-5

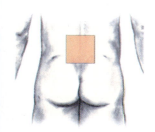

■ *Vértebras lombares 4-5*

1 Tratamento Básico de Partes Específicas do Corpo

Útero

Região do útero, ambos os lados do útero, vértebras torácicas 9-12, vértebras lombares 1-5, sacro, cóccix.

(O útero é a parte do corpo – como o cosmos – que é o primeiro estágio no processo de nos tornarmos seres humanos. Não chegamos à Terra como seres humanos completos – antes, precisamos alcançar esse estado! Com isso em mente, é muito importante tratar o útero com atenção especial, mesmo quando no momento não há um futuro cidadão do mundo vivendo nele.)

29 Região do útero

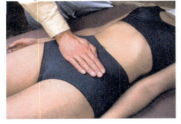

30 Ambos os lados do útero, ovários

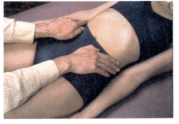

Região do útero ▪
Ambos os lados do útero ▪

52 Área das vértebras torácicas 9-12

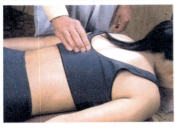

58 Área das vértebras lombares 1-5

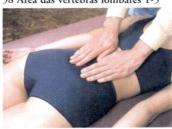

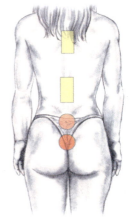

54 Sacro, cóccix

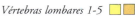

Vértebras torácicas 9-12 ▪
Vértebras lombares 1-5 ▪▪
Sacro ▪
Cóccix ▪

45

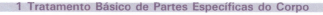

1 Tratamento Básico de Partes Específicas do Corpo

Rins

Região dos rins, vértebras torácicas 11-12

(Os rins filtram cerca de 130 mililitros de sangue por minuto. Isso resulta em aproximadamente 1200 litros por dia! Os resíduos presentes no sangue saem dos rins e são eliminados do corpo como urina. Trato os rins durante pelo menos quinze minutos quando há algum tipo de envenenamento do sistema ou choque, temperaturas anormais e hipotermia dos rins.

Em nossa experiência, o cliente passa a respirar mais profundamente quando posicionamos as mãos sobre os rins.)

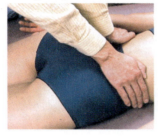

55 Região dos rins

56 Área das vértebras torácicas 11-12

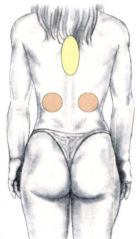

■ *Região dos rins*
■ *Vértebras torácicas 11-12*

46

1 Tratamento Básico de Partes Específicas do Corpo

Tratamento de Metade do Corpo, Hanshin Chiryo:

Músculos, tendões da nuca, ombros, coluna, ambos os lados da coluna, quadris, nádegas. (Friccione a coluna em ambos os lados, desde as nádegas até a medula oblonga.)

(Este tratamento "recoloca no chão" o cliente que, em razão do próprio tratamento, fica inseguro ou entra em estado de transe. Por isso, recomendo o uso desta técnica também no fim de um tratamento, exceto quando estejam presentes os sintomas descritos pelo dr. Usui. Ao término, o cliente levanta-se rapidamente da mesa de massagem, renovado e disposto.)

57 Tratamento Hanshin Chiryo 1

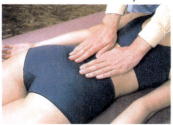
58 Tratamento Hanshin Chiryo 2

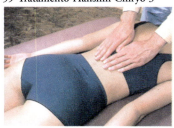
59 Tratamento Hanshin Chiryo 3

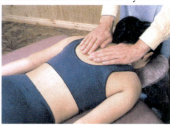
60 Tratamento Hanshin Chiryo 4

61 Tratamento Hanshin Chiryo 5

Hanshin Chiryo

Friccione ao longo de ambos os lados da coluna espinhal, desde as nádegas até a medula oblonga.

1 Tratamento Básico de Partes Específicas do Corpo

Tratamento do Abdômen, Chiryo-Gedoku-Ho (Técnica de Desintoxicação):

(Essas duas técnicas não são explicadas em detalhe, mas o sr. Ogawa nos informou como são aplicadas.

Tanden Chiryo: Coloque uma das mãos sobre o Tanden e a outra nas costas, no ponto que lhe corresponde.

Gedoku-Ho: Mantenha a mão na posição *Tanden Chiryo* durante treze minutos e imagine todas as toxinas saindo do corpo. Essa técnica se mostra muito eficaz contra a constipação e contra as conseqüências do uso excessivo de remédios. O estômago do cliente geralmente produz ruídos depois de alguns minutos de tratamento; por isso previna-o antecipadamente para que não se envergonhe por causa disso. No Japão, as pessoas são muito reservadas quando se trata de borborigmos ou de outros ruídos do corpo; por isso, as pessoas fazem o possível para reprimi-los!)

Tanden Chiryo

Coloque uma das mãos sobre o Tanden e a outra nas costas, no ponto que lhe corresponde.

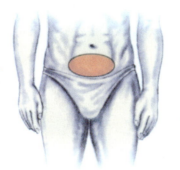
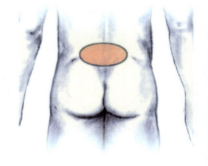
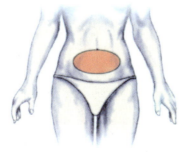
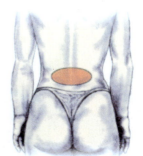

– 2 –
Distúrbios Funcionais dos Nervos

As fotos correspondentes encontram-se nas páginas 72-77

(Sempre tratamos a região da cabeça com as posições apresentadas a seguir. Siga a sua intuição e, se possível, trate também a garganta e a nuca.)

Neurastenia (debilidade nervosa):

Região da cabeça, olhos, coração, estômago e intestinos, órgãos genitais, tratamento da região de origem da doença (*Byogen Chiryo*) tratamento de metade do corpo (*Hanshin Chiryo*, ver p. 47).
 Fotos: 1 Testa, 2 Têmporas, 3 Região occipital, 6 Topo da cabeça, 8 Olhos, 23 Coração, 7 Estômago e intestinos, 32 Órgãos genitais, 57 Tratamento Hanshin Chiryo 1, 58 Tratamento Hanshin Chiryo 2, 59 Tratamento Hanshin Chiryo 3, 60 Tratamento Hanshin Chiryo 4, 61 Tratamento Hanshin Chiryo 5

Histeria:

Como acima
 Fotos: 1 Testa, 2 Têmporas, 3 Região occipital, 6 Topo da cabeça, 8 Olhos, 23 Coração, 7 Estômago e intestinos, 32 Órgãos genitais, 57 Tratamento Hanshin Chiryo 1, 58 Tratamento Hanshin Chiryo 2, 59 Tratamento Hanshin Chiryo 3, 60 Tratamento Hanshin Chiryo 4, 61 Tratamento Hanshin Chiryo 5

Anemia Cerebral:

Região da cabeça, estômago e intestinos, coração.
 Fotos: 1 Testa, 2 Têmporas, 3 Região occipital, 6 Topo da cabeça, 7 Estômago e intestinos, 23 Coração

Hiperanemia cerebral (Congestão Vascular no Cérebro):

Como acima
 Fotos: 1 Testa, 2 Têmporas, 3 Região occipital, 6 Topo da cabeça, 7 Estômago e intestinos, 23 Coração

Meningite:

Como acima
 Fotos: 1 Testa, 2 Têmporas, 3 Região occipital, 6 Topo da cabeça, 7 Estômago e intestinos, 23 Coração

2 Distúrbios Funcionais dos Nervos

Encefalite: Como acima
Fotos: 1 Testa, 2 Têmporas, 3 Região occipital, 6 Topo da cabeça, 7 Estômago e intestinos, 23 Coração

Dor de cabeça: Região da cabeça – principalmente as têmporas.

(Siga as sugestões de tratamento do dr. Usui, pousando as mãos no topo da cabeça até que a dor desapareça. Se você tiver o Segundo Grau de Reiki, use também o símbolo do poder.

Dores de cabeça podem ter diferentes causas. Em geral, trata-se apenas de desidratação: beba imediatamente um ou dois copos de água. A cafeína de uma xícara de café também pode ser muito eficaz.

Dor com origem no pescoço: deite-se na cama, com a cabeça pendendo na lateral. Relaxe durante alguns minutos.

Com muita freqüência, as dores de cabeça se devem à má postura crônica. Nesse caso, recomendo o livro *Pain Free, A Revolutionary Method for Stopping Chronic Pain,* de Peter Egoscue, Bantam Doubleday Dell Pub. (O título não exagera!)

Fotos: 2 Têmporas, 1 Testa, 3 Região occipital, 6 Topo da cabeça

Insônia: Região da cabeça – principalmente a região occipital.

(Aqui recomendamos uma imposição de mãos sobre os chakras, antes de dormir. Coloque uma das mãos sobre o segundo chakra e a outra sobre o quarto chakra. Sugestione-se a repousar ou a adormecer rapidamente e use os símbolos do Reiki Dois. Repita para si mesmo afirmações positivas que o ajudem a pegar no sono.

Recomenda-se também aprender Treinamento Autógeno.

Entretanto, as indicações acima são específicas contra sintomas. A insônia geralmente tem relação com tensões psicológicas e é importante ir diretamente à raiz do problema. Descubra as causas dessas tensões e procure eliminá-las.

Um de meus métodos de meditação, já publicado em outro livro, recomenda repassar mentalmente as atividades do dia – como se fosse rebobinar uma fita de vídeo. Essa técnica permite rever rapidamente tudo o que ainda não foi digerido.

Fotos: 1 Testa, 2 Têmporas, 3 Região occipital, 6 Topo da cabeça

Distúrbios de Equilíbrio, Tontura: Região da cabeça – principalmente a testa.

Fotos: 1 Testa, 2 Têmporas, 3 Região occipital, 6 Topo da cabeça

Hemorragia Cerebral:

Principalmente o lado afetado, o coração, estômago e intestinos, rins e a região paralisada.

Fotos: 23 Coração, 7 Estômago e intestinos, 55 Região dos rins

Epilepsia:

Região da cabeça*, estômago e intestinos.

(*Em nossa experiência, a cabeça de um epilético é muito sensível ao toque. Nesse caso, trato o plexo solar e o Tanden.

Durante um ataque epilético, o mais importante é impedir que o paciente fique numa posição em que possa ferir-se.)

Fotos: 1 Testa, 2 Têmporas, 3 Região occipital, 6 Topo da cabeça, 7 Estômago e intestinos

Dança de São Vito (coréia):

Região da cabeça, coração, área(s) afetada(s) do corpo, palmas das mãos, plantas dos pés, metade do corpo (*Hanshin Chiryo*).

Fotos: 1 Testa, 2 Têmporas, 3 Região occipital, 6 Topo da cabeça, 23 Coração, 65 Palmas das mãos, 66 Plantas dos pés, 57 Tratamento Hanshin Chiryo 1, 58 Tratamento Hanshin Chiryo 2, 59 Tratamento Hanshin Chiryo 3, 60 Tratamento Hanshin Chiryo 4, 61 Tratamento Hanshin Chiryo 5

Doença de Basedow (bócio):

Região da cabeça, olhos, glândula tireóide, coração, útero, metade do corpo (*Hanshin Chiryo*).

Fotos: 1 Testa, 2 Têmporas, 3 Região occipital, 5 Garganta (abrangendo também a glândula tireóide), 6 Topo da cabeça, 23 Coração, 29 Região do útero, 57 Tratamento Hanshin Chiryo 1, 58 Tratamento Hanshin Chiryo 2, 59 Tratamento Hanshin Chiryo 3, 60 Tratamento Hanshin Chiryo 4, 61 Tratamento Hanshin Chiryo 5

Nevralgia (Dor nos Nervos), Paralisia

Região da cabeça, estômago e intestinos para regularizar o movimento intestinal, área(s) afetada(s) do corpo.

Fotos: 1 Testa, 2 Têmporas, 3 Região occipital, 6 Topo da cabeça, 7 Estômago e intestinos

2 Distúrbios Funcionais dos Nervos

Soluço: Diafragma, testa, vértebras cervicais 3-5.
(Como para a dor, também usamos o símbolo do poder para os soluços. Se possível, desenhe-o sobre o diafragma, sobre a testa e sobre as vértebras cervicais 3-5. Se não for possível desenhar o símbolo, projete-o para as respectivas partes do corpo com os olhos ou faça-o fluir através das mãos.)
Fotos: 33 Diafragma, 1 Testa, 62 Áreas das vértebras cervicais 3-5

Afasia
(Distúrbios da Fala): Testa, têmporas – principalmente o lado esquerdo, garganta.
Fotos: 1 Testa, 2 Têmporas, 5 Garganta

Cãibra dos Escrivães: Região da cabeça, cotovelos, polegares.
(Envolvo o polegar com a mão fechada, mas relaxada.)
Fotos: 1 Testa, 2 Têmporas, 3 Região occipital, 6 Topo da cabeça, 63 Cotovelos, 64 Polegares

Zunido (Zumbido
nos Ouvidos): Ouvidos, Região da cabeça.
Fotos: 14 Canal auditivo, 15 Partes anterior e posterior da orelha, 1 Testa, 2 Têmporas, 3 Região occipital, 6 Topo da cabeça

– 3 –
Distúrbios Funcionais dos Órgãos da Respiração
(e das Passagens de Ar)

Inflamação da Traquéia –
Bronquite: Traquéia, brônquios
Fotos: 34 Traquéia, 35 Brônquios

Tosse: Garganta, Região do peito, área(s) afetada(s) do corpo.
(Usamos o símbolo do poder também para a tosse. Se você for reikiano do Segundo Grau, desenhe o símbolo do poder sobre um tecido de fibras naturais e fixe-o no peito durante a noite. Durante uma semana, evite alimentos que produzem muco e coma bastante gengibre ralado (fresco). Beba chá de gengibre com mel.)
Fotos: 5 Garganta, 22 Pulmões — cubra também a região do peito

3 Distúrbios Funcionais dos Órgãos da Respiração

Asma: Região da cabeça, região do peito, apêndice xifóide (cartilagem na extremidade inferior do esterno), garganta, nariz, coração.

(Aprendi com meu irmão uma receita muito eficaz contra a asma: Rale 50 gramas de rábano-rústico e misture com o suco de três limões grandes (cultivados organicamente) e 500 gramas de mel puro. Tome uma colher de sopa dessa mistura antes ou depois de cada refeição durante seis semanas, pelo menos. Conserve a mistura na geladeira.)

Fotos: 1 Testa, 2 Têmporas, 3 Região occipital, 6 Topo da cabeça, 22 Pulmões – cubra também a região do peito, 37 Apêndice xifóide, 5 Garganta, 11 Osso nasal, 12 Laterais do nariz, 23 Coração

Tuberculose nos Pulmões: Região da cabeça, área afetada dos pulmões, estômago e intestinos, coração, Tanden.

Fotos: 1 Testa, 2 Têmporas, 3 Região occipital, 6 Topo da cabeça, 22 Pulmões, 7 Estômago e intestinos, 23 Coração, 31 Tanden

Pleurisia: Região da cabeça, área(s) afetada(s) do corpo, estômago e intestinos, Tanden.

Fotos: 1 Testa, 2 Têmporas, 3 Região occipital, 6 Topo da cabeça, 7 Estômago e intestinos, 31 Tanden

Pneumonia: Região da cabeça, coração, área(s) afetada(s) do corpo, Tanden.

Fotos: 1 Testa, 2 Têmporas, 3 Região occipital, 6 Topo da cabeça, 23 Coração, 31 Tanden

Hemorragia Bronquial (Cuspir Sangue): Pulmões, área afetada do corpo.

(Este é um sangramento que pode ser fatal causado pelo rompimento de pequenas artérias dos pulmões.)

Foto: 22 Pulmões

Sangramento do Nariz: Nariz.

(Um travesseiro e tratamento das cinco primeiras vértebras cervicais fazem maravilhas. Uma massagem de pressão na medula oblonga mostra bons resultados. Durante a massagem, a cabeça do cliente deve pender para trás.)

Fotos: 11 Osso nasal, 12 Laterais do nariz

53

4 Distúrbios Funcionais dos Órgãos da Digestão

Enfisema (Pleurisia com
Formação de Pus):   Nariz, meio da testa – ou ponto no meio do lábio superior, logo abaixo do nariz (o *Kanji* não é claro aqui; em caso de dúvida, trate os dois).
        Fotos: 11 Osso nasal, 12 Laterais do nariz, 20 Meio da testa, 21 Meio do lábio superior

– 4 –
Distúrbios Funcionais dos Órgãos da Digestão

Doenças do esôfago: Esôfago, apêndice xifóide, estômago e intestinos.
        Fotos: 34 Traquéia, Esôfago, 37 Apêndice xifóide, 7 Estômago e intestinos

Gastrite, Úlceras Gástricas, Câncer
no Estômago, Gastralgia (Dor no Estômago),
Gastroptose,   Região da cabeça, apêndice xifóide, estômago e intestinos.
Gastrectasia: Fotos: 1 Testa, 2 Têmporas, 3 Região occipital, 6 Topo da cabeça, 37 Apêndice xifóide, 7 Estômago e intestinos

Enterite, Úlceras Intestinais, Diarréia,
Constipação, etc.:   Estômago e intestinos.
        Foto: 7 Estômago e intestinos

Apendicite: Área afetada do corpo – principalmente à direita e perto do umbigo, região da cabeça, estômago e intestinos.
        Fotos: 38 Apêndice, 1 Testa, 2 Têmporas, 3 Região occipital, 6 Topo da cabeça, 7 Estômago e intestinos

Parasitas Intestinais: Região da cabeça, estômago e intestinos.
        Fotos: 1 Testa, 2 Têmporas, 3 Região occipital, 6 Topo da cabeça, 7 Estômago e intestinos
        (Gotas de absinto e tintura de absinto/cravo/noz já se comprovaram eficazes na eliminação de alguns parasitas intestinais! Não pense que parasitas intestinais só acometem pessoas nos países em desenvolvimento. Procure orientação com um naturopata experiente.)

4 Distúrbios Funcionais dos Órgãos da Digestão

Hemorróidas: Região anal.
Foto: 67 Região anal

Ascite Abdominal (Barriga-d'água): Região da cabeça, região abdominal.
(Se possível, trate durante a lua minguante.)
Fotos: 1 Testa, 2 Têmporas, 3 Região occipital, 6 Topo da cabeça, 7 Estômago e intestinos

Peritonite (Inflamação do Peritônio): Região da cabeça, área(s) afetada(s) do corpo, Tanden.
Fotos: 1 Testa, 2 Têmporas, 3 Região occipital, 6 Topo da cabeça, 31 Tanden

Hepatite (Icterícia): Região da cabeça, estômago e intestinos, fígado, coração.
(Atenção: Há muitos tipos de icterícia que só um laboratório pode diagnosticar com segurança. As hepatites A e E — que só podem ser determinadas com precisão por um laboratório por meio da contagem de glóbulos sangüíneos — são extremamente contagiosas durante o período de incubação e só devem ser tratadas num hospital. A pessoa contaminada pela icterícia deve evitar alimentos gordurosos, álcool, nicotina e, se possível, todo tipo de medicação, por seis meses, pelo menos. Depois de consultar seu médico, ela deve examinar seus valores sangüíneos a intervalos regulares.
Fotos: 1 Testa, 2 Têmporas, 3 Região occipital, 6 Topo da cabeça, 7 Estômago e intestinos, 24 Fígado, 23 Coração

Cálculo Biliar: Fígado, área(s) afetada(s) do corpo, estômago e intestinos.
Fotos: 24 Fígado, 7 Estômago e intestinos

Hérnia Inguinal: Área(s) afetada(s) saliente(s) do corpo, abdômen (órgãos genitais).
Foto: 32 Órgãos genitais

– 5 –
Distúrbios Funcionais do Sistema Circulatório (Cardiovascular)

(Uma sugestão do meu mestre espiritual Osho: Se você tem problemas do coração, preste mais atenção à expiração. Expire consciente e profundamente e deixe que a inspiração impregne você por inteiro.)

Inflamação do Miocárdio (Músculo do Coração), Miocardite: Região da cabeça, coração, fígado, rins, bexiga.
(Essa condição pode causar falha cardíaca em pessoas jovens que não têm outros problemas de saúde.)
Fotos: 1 Testa, 2 Têmporas, 3 Região occipital, 6 Topo da cabeça, 23 Coração, 24 Fígado, 55 Região dos rins, 28 Região da bexiga

Inflamação das Membranas do Coração: Coração.
Foto: 23 Coração

Edema, Hidropisia: Coração, fígado, rins, bexiga.
(Se possível, trate durante a lua minguante.)
Fotos: 23 Coração, 24 Fígado, 55 Região dos rins, 28 Região da bexiga

Arteriosclerose (Calcificação Arterial): Região da cabeça, coração, rins, estômago e intestinos, Tanden.
(A ingestão de uma alimentação estritamente vegetariana – pelo menos por um tempo, sem produtos lácteos – pode contrabalançar a calcificação das artérias e a pressão sangüínea. Mesmo num estágio avançado, em geral podemos reverter completamente essas condições.)
Fotos: 1 Testa, 2 Têmporas, 3 Região occipital, 6 Topo da cabeça, 23 Coração, 55 Região dos rins, 7 Estômago e intestinos, 31 Tanden

Pressão Sangüínea Crônica: Como acima
Fotos: 1 Testa, 2 Têmporas, 3 Região occipital, 6 Topo da cabeça, 23 Coração, 55 Região dos rins, 7 Estômago e intestinos, 31 Tanden

– 6 –
Distúrbios Funcionais do Metabolismo e do Sangue

Anemia:

Tratamento da região de origem da doença (*Byogen Chiryo*), cabeça, coração, estômago e intestinos, metade do corpo (*Hanshin Chiryo*).
  Fotos: 1 Testa, 2 Têmporas, 3 Região occipital, 4 Nuca, 5 Garganta, 6 Topo da cabeça, 23 Coração, 7 Estômago e intestinos, 57 Tratamento Hanshin Chiryo 1, 58 Tratamento Hanshin Chiryo 2, 59 Tratamento Hanshin Chiryo 3, 60 Tratamento Hanshin Chiryo 4, 61 Tratamento Hanshin Chiryo 5

Púrpura (Extravasamento Sangüíneo na Superfície da Pele num diâmetro aproximado de 2,5 centímetros):

Região da cabeça, coração, rins, estômago e intestinos, áreas do corpo cobertas com manchas lilases, Tanden.
  Fotos: 1 Testa, 2 Têmporas, 3 Região occipital, 6 Topo da cabeça, 23 Coração, 55 Região dos rins, 7 Estômago e intestinos, 31 Tanden

Angina do Peito:

Região da cabeça, coração, estômago e intestinos, área(s) afetada(s) do corpo.
  Fotos: 1 Testa, 2 Têmporas, 3 Região occipital, 6 Topo da cabeça, 23 Coração, 7 Estômago e intestinos

Beribéri e Falha Cardíaca Resultante de Beribéri:

Coração, estômago e intestinos, perna(s) afetada(s).
  (Beribéri é uma doença do coração decorrente da deficiência de vitamina B1-tiamina.)
  Fotos: 23 Coração, 7 Estômago e intestinos

57

Escorbuto: Região da cabeça, região dos pulmões, coração, rins, estômago e intestinos, metade do corpo (*Hanshin Chiryo*), Tanden.
Fotos: 1 Testa, 2 Têmporas, 3 Região occipital, 6 Topo da cabeça, 22 Pulmões, 23 Coração, 55 Região dos rins, 7 Estômago e intestinos, 57 Tratamento Hanshin Chiryo 1, 58 Tratamento Hanshin Chiryo 2, 59 Tratamento Hanshin Chiryo 3, 60 Tratamento Hanshin Chiryo 4, 61 Tratamento Hanshin Chiryo 5, 31 Tanden

Diabetes: Região da cabeça, coração, fígado, pâncreas, estômago e intestinos, rins, bexiga, metade do corpo (*Hanshin Chiryo*, friccione a coluna de baixo para cima).
Fotos: 1 Testa, 2 Têmporas, 3 Região occipital, 6 Topo da cabeça, 23 Coração, 24 Fígado, 68 Pâncreas, 7 Estômago e intestinos, 55 Região dos rins, 28 Região da bexiga, 57 Tratamento Hanshin Chiryo 1, 58 Tratamento Hanshin Chiryo 2, 59 Tratamento Hanshin Chiryo 3, 60 Tratamento Hanshin Chiryo 4, 61 Tratamento Hanshin Chiryo 5

Obesidade: Coração, rins, estômago e intestinos, metade do corpo (*Hanshin Chiryo*).
Fotos: 23 Coração, 55 Região dos rins, 7 Estômago e intestinos, 57 Tratamento Hanshin Chiryo 1, 58 Tratamento Hanshin Chiryo 2, 59 Tratamento Hanshin Chiryo 3, 60 Tratamento Hanshin Chiryo 4, 61 Tratamento Hanshin Chiryo 5

Gota: Coração, rins, bexiga, estômago e intestinos, Tanden, área(s) afetada(s) do corpo.
Fotos: 23 Coração, 55 Região dos rins, 28 Região da bexiga, 7 Estômago e intestinos, 31 Tanden

Insolação: Região da cabeça, coração, região do peito, estômago e intestinos, rins, Tanden.
Fotos: 1 Testa, 2 Têmporas, 3 Região occipital, 6 Topo da cabeça, 23 Coração, 22 Pulmões – cubra também a região do peito, 7 Estômago e intestinos, 55 Região dos rins, 31 Tanden

– 7 –
Distúrbios Funcionais do Trato Urogenital

(Neste capítulo, incluem-se os rins como uma posição das mãos para todas as doenças. Mantenho as mãos nessa posição específica durante dez minutos, pelo menos. Ambas as mãos sobre os rins aquecem o corpo todo.)

Nefrite (Inflamação dos Rins):

Rins, coração, bexiga, estômago e intestinos.
  Fotos: 55 Região dos rins, 23 Coração, 28 Região da bexiga, 7 Estômago e intestinos

Pielite (Inflamação da Pelve Renal):

Rins, bexiga, Tanden.
  Fotos: 55 Região dos rins, 28 Região da bexiga, 31 Tanden

Cálculo Renal (Pedras nos Rins):

Rins, estômago e intestinos, bexiga, área(s) dolorida(s) do corpo.
  Fotos: 55 Região dos rins, 7 Estômago e intestinos, 28 Região da bexiga

Urosepsia:

Região da cabeça, olhos, estômago e intestinos, coração, rins, bexiga, Tanden.
  Fotos: 1 Testa, 2 Têmporas, 3 Região occipital, 6 Topo da cabeça, 8 Olhos, 7 Estômago e intestinos, 23 Coração, 55 Região dos rins, 28 Região da bexiga, 31 Tanden

Cistite (Inflamação da Bexiga):

Rins, bexiga.
  (Beba pelo menos dois litros de água todos os dias. Mantenha a bexiga aquecida com uma almofada, um cobertor ou uma bolsa de água. Trate a bexiga diretamente durante quinze minutos pelo menos; em casos agudos, doloridos, até que a dor desapareça. Em seguida, mantenha a bexiga quente durante uma hora, pelo menos.)
  Fotos: 55 Região dos rins, 28 Região da bexiga

59

7 Distúrbios Funcionais do Trato Urogenital

Cálculo Urinário
(Pedras na Bexiga): Rins, bexiga, área(s) dolorida(s) do corpo.
Fotos: 55 Região dos rins, 28 Região da bexiga

Micção Noturna: Região da cabeça, topo da cabeça, bexiga, rins.
Fotos: 1 Testa, 2 Têmporas, 3 Região occipital, 6 Topo da cabeça, 28 Região da bexiga, 55 Região dos rins

Dificuldade para Urinar
(causada por próstata
aumentada): Rins, bexiga, ureter.
Fotos: 55 Região dos rins, 28 Região da bexiga, 40 Ureter

– 8 –
Ferimentos e Distúrbios Funcionais da Pele

Feridas: Área(s) afetada(s) do corpo – trate a parte do corpo sem tocá-la até que a dor cesse.
(Como mencionei acima, o dr. Usui recomenda tratar todos os tipos de dor até que ela cesse. Para dores de cabeça, por exemplo, trate a cabeça; para dores lombares, trate as costas. Todavia, pode acontecer que o paciente se queixe de dor nas costas e que as mãos do praticante se dirijam automaticamente para outra parte do corpo, depois da meditação Reiji acima descrita. Nesse caso, confie em suas mãos mais do que na informação do paciente! Para todas as lesões, usamos principalmente o símbolo do poder. Como já mencionamos, você pode desenhá-lo num pedaço de tecido, na bandagem ou no gesso – desde que não seja visto por um não-iniciado.)

Contorções, Machucaduras,
Contusões: Áreas afetadas do corpo.

Inflamação dos
Gânglios Linfáticos: Áreas afetadas do corpo, Tanden.
Foto: 31 Tanden

8 Ferimentos e Distúrbios Funcionais da Pele

Fraturas de Ossos:	Área(s) afetada(s) do corpo – (mãos) sobre o gesso ou bandagem.
Estilhas:	Área(s) afetada(s) do corpo.
Articulações Deslocadas e Luxadas:	Área(s) afetada(s) do corpo.
Periostite, Ostite (Inflamação Óssea), Artrite, Miosite (Inflamação Muscular):	Área(s) afetada(s) do corpo, Tanden. Foto: 31 Tanden
Reumatismo Muscular:	Região da cabeça, área(s) dolorida(s) do corpo, estômago e intestinos – para regularizar os movimentos intestinais. Fotos: 1 Testa, 2 Têmporas, 3 Região occipital, 6 Topo da cabeça, 7 Estômago e intestinos
Tuberculose da Coluna Espinhal:	Região da cabeça, Tanden, área(s) dolorida(s) do corpo, área(s) afetada(s) do corpo. Fotos: 1 Testa, 2 Têmporas, 3 Região occipital, 6 Topo da cabeça, 31 Tanden
Escoliose:	Área(s) afetada(s) do corpo.
Sífilis da Coluna Espinhal:	Região da cabeça, Tanden, área(s) dolorida(s) do corpo, área(s) afetada(s) do corpo. Fotos: 1 Testa, 2 Têmporas, 3 Região occipital, 6 Topo da cabeça, 31 Tanden
Tontura, Desmaio:	Coração, região da cabeça – em caso de resgate de afogamento, só trate a pessoa depois de livrá-la de toda a água ingerida. Fotos: 23 Coração, 1 Testa, 2 Têmporas, 3 Região occipital, 6 Topo da cabeça

8 Ferimentos e Distúrbios Funcionais da Pele

Erupções Cutâneas, Inchaço,
Tumores (cutâneos): Tanden, área(s) afetada(s) do corpo.
Foto: 31 Tanden

Urticária: Estômago e intestinos, Tanden, área(s) afetada(s) do corpo.
Fotos: 7 Estômago e intestinos, 31 Tanden

Queda de Cabelo: Região da cabeça, estômago e intestinos, área(s) afetada(s) do corpo, Tanden.
Fotos: 1 Testa, 2 Têmporas, 3 Região occipital, 6 Topo da cabeça, 7 Estômago e intestinos, 31 Tanden

Lepra: Região da cabeça, estômago e intestinos, Tanden, área(s) afetada(s) do corpo, metade do corpo (*Hanshin Chiryo*).
(Só deve ser tratada por médico.)
Fotos: 1 Testa, 2 Têmporas, 3 Região occipital, 6 Topo da cabeça, 7 Estômago e intestinos, 31 Tanden, 57 Tratamento Hanshin Chiryo 1, 58 Tratamento Hanshin Chiryo 2, 59 Tratamento Hanshin Chiryo 3, 60 Tratamento Hanshin Chiryo 4, 61 Tratamento Hanshin Chiryo 5

Sífilis: Região da cabeça, estômago e intestinos, Tanden, área(s) afetada(s) do corpo.
(Só deve ser tratada por médico.)
Fotos: 1 Testa, 2 Têmporas, 3 Região occipital, 6 Topo da cabeça, 7 Estômago e intestinos, 31 Tanden

– 9 –
Doenças Infantis

(Atenção: As doenças infantis podem afetar seriamente adultos que não as tenham contraído quando pequenos.)

Choro à Noite: Região da cabeça, estômago e intestinos.
(Sugerimos que as crianças até dois anos e meio sejam levadas para a cama dos pais ou tenham sua cama próxima à deles. Crianças pequenas ainda não têm capacidade de lidar com pesadelos e situa-

9 Doenças Infantis

ções de medo. Elas precisam estar fisicamente próximas dos pais, especialmente da mãe, nos primeiros anos de vida.)
Fotos: 1 Testa, 2 Têmporas, 3 Região occipital, 6 Topo da cabeça, 7 Estômago e intestinos

Sarampo:
Região da cabeça, estômago e intestinos, coração, área(s) afetada(s) do corpo.
Fotos: 1 Testa, 2 Têmporas, 3 Região occipital, 6 Topo da cabeça, 7 Estômago e intestinos, 23 Coração

Rubéola:
Como acima.
Fotos: 1 Testa, 2 Têmporas, 3 Região occipital, 6 Topo da cabeça, 7 Estômago e intestinos, 23 Coração

Coqueluche (Tosse Convulsa):
Região da cabeça, estômago e intestinos, coração, pulmões, garganta, apêndice xifóide.
Fotos: 1 Testa, 2 Têmporas, 3 Região occipital, 6 Topo da cabeça, 7 Estômago e intestinos, 23 Coração, 22 Pulmões, 5 Garganta, 37 Apêndice xifóide

Poliomielite:
Região da cabeça, estômago e intestinos, coluna, área(s) afetada(s) paralisadas do corpo.
Fotos: 1 Testa, 2 Têmporas, 3 Região occipital, 6 Topo da cabeça, 7 Estômago e intestinos, 57 Tratamento Hanshin Chiryo 1 (Para esta posição, e para as quatro seguintes, recomendo deixar que as mãos descansem em cada posição até que se movam por iniciativa própria para a posição seguinte. Em caso de dúvida, mantenha cada posição por cinco minutos.), 58 Tratamento Hanshin Chiryo 2, 59 Tratamento Hanshin Chiryo 3, 60 Tratamento Hanshin Chiryo 4, 61 Tratamento Hanshin Chiryo 5

Amidalite:
Área(s) afetada(s) do corpo.

– 10 –
Saúde da Mulher

Doenças do Útero: Região do útero.
Fotos: 29 Região do útero, 30 Ambos os lados do útero, e ovários

Durante a Gravidez: Útero: Tratando o útero, a criança se desenvolverá bem e o parto não terá complicações.
Fotos: 29 Região do útero, 30 Ambos os lados do útero, e ovários

No Parto: Sacro, abdômen.
Fotos: 54 Sacro, cóccix, 32 Órgãos genitais

Náusea Matinal Intensa: Região da cabeça, útero, estômago e intestinos, apêndice xifóide.
Fotos: 1 Testa, 2 Têmporas, 3 Região occipital, 6 Topo da cabeça, 29 Região do útero, 30 Ambos os lados do útero, e ovários, 7 Estômago e intestinos, 37 Apêndice xifóide

Doenças dos Seios: Seios.
(Eu não toco nos seios durante o tratamento, mas mantenho as mãos quatro ou cinco centímetros acima deles. Em minha experiência, em quase todos os seminários há um homem que explora suas habilidades de Reiki dessa maneira.
Se a cultura local e pessoal permitir, pergunte antes à paciente se ela se sente à vontade em ter seus seios tocados. Em geral, a mulher aceita mais facilmente ser tocada por outra mulher.
Quando uma adolescente começa a desenvolver os seios e a chamar a atenção dos homens, a região do peito forma uma couraça protetora. Para combater esse processo, minha mulher criou uma técnica que consiste em trabalhar com pressão, como no shiatsu, diretamente acima e abaixo da clavícula. Este método é eficaz também para homens!)
Foto: 41 Seios

Gravidez Tubária (Fora do Útero): Região da cabeça, útero, área(s) dolorida(s) do corpo.
Fotos: 1 Testa, 2 Têmporas, 3 Região occipital, 6 Topo da cabeça, 29 Região do útero, 30 Ambos os lados do útero, e ovários

– 11 –
Doenças Contagiosas

(Algumas doenças apresentadas a seguir são extremamente contagiosas durante o período de incubação. Nessa fase, elas não devem ser tratadas por pessoas leigas, em hipótese nenhuma. Não ande por aí com essas doenças! Especialmente em países em desenvolvimento e em regiões conturbadas, algumas doenças, que haviam sido quase totalmente extintas em décadas recentes, hoje estão voltando com força redobrada porque os antibióticos perderam sua eficácia devido ao uso excessivo. Recomenda-se aqui o maior cuidado. Em todos os casos, o tratamento só deve ser aplicado por um médico licenciado.)

Febre Tifóide: Região da cabeça, coração, estômago e intestinos, pâncreas, Tanden – trate com cuidado quando há complicações.
Quando o paciente está debilitado pela doença, é possível que passe a sofrer de problemas de saúde decorrentes dessa situação.
Fotos: 1 Testa, 2 Têmporas, 3 Região occipital, 6 Topo da cabeça, 23 Coração, 7 Estômago e intestinos, 68 Pâncreas, 31 Tanden

Febre Paratifóide: Como acima
Fotos: 1 Testa, 2 Têmporas, 3 Região occipital, 6 Topo da cabeça, 23 Coração, 7 Estômago e intestinos, 68 Pâncreas, 31 Tanden

Disenteria: Região da cabeça, coração, estômago e intestinos, Tanden.
Fotos: 1 Testa, 2 Têmporas, 3 Região occipital, 6 Topo da cabeça, 23 Coração, 7 Estômago e intestinos, 31 Tanden

Disenteria em Crianças: Como acima
Fotos: 1 Testa, 2 Têmporas, 3 Região occipital, 6 Topo da cabeça, 23 Coração, 7 Estômago e intestinos, 31 Tanden

11 Doenças Contagiosas

Difteria: Região da cabeça, garganta, coração, estômago e intestinos, rins, Tanden. O soro antidiftérico é absolutamente necessário (para um tratamento bem-sucedido).
   Fotos: 1 Testa, 2 Têmporas, 3 Região occipital, 6 Topo da cabeça, 5 Garganta, 23 Coração, 7 Estômago e intestinos, 55 Região dos rins, 31 Tanden

Cólera: Região da cabeça, estômago e intestinos, coração, Tanden.
   Fotos: 1 Testa, 2 Têmporas, 3 Região occipital, 6 Topo da cabeça, 7 Estômago e intestinos, 23 Coração, 31 Tanden

Escarlatina: Região da cabeça, boca, garganta, coração, estômago e intestinos, rins, Tanden, área(s) afetada(s) (avermelhadas) do corpo.
   Fotos: 1 Testa, 2 Têmporas, 3 Região occipital, 6 Topo da cabeça, 16 Boca (não feche os lábios), 5 Garganta, 23 Coração, 7 Estômago e intestinos, 55 Região dos rins, 31 Tanden

Gripe (Vírus Influenza): Região da cabeça, coração, pulmões, estômago e intestinos, Tanden, metade do corpo (*Hanshin Chiryo*), área(s) dolorida(s) do corpo.
   (De minha parte, quando estou gripado, vou para a cama e pratico a paciência! Doses de até 4 gramas de Vitamina C por dia e gotas de Equinácea são muito recomendadas.)
   Fotos: 1 Testa, 2 Têmporas, 3 Região occipital, 6 Topo da cabeça, 23 Coração, 22 Pulmões, 7 Estômago e intestinos, 31 Tanden, 57 Tratamento Hanshin Chiryo 1, 58 Tratamento Hanshin Chiryo 2, 59 Tratamento Hanshin Chiryo 3, 60 Tratamento Hanshin Chiryo 4, 61 Tratamento Hanshin Chiryo 5

Meningite Epidêmica, Cerebrospinhal: Região da cabeça, nuca, olhos, coração, estômago e intestinos, rins, bexiga, coluna – principalmente as vértebras cervicais, Tanden, área(s) rígida(s) ou paralisada(s) do corpo.
   Fotos: 1 Testa, 2 Têmporas, 3 Região occipital, 6 Topo da cabeça, 4 Nuca, 5 Garganta, 8 Olhos, 23 Coração, 7 Estômago e intestinos, 55 Região dos rins, 28 Região da bexiga, 57 Tratamento Hanshin Chiryo 1 (Para esta posição e as quatro seguintes, recomendo deixar que as mãos descansem em cada posição até que se movam por iniciativa própria para a posição seguinte. Em caso de dúvida, mantenha cada posição durante cinco minutos e fique nas vértebras durante dez minutos), 58 Tratamento Hanshin Chiryo 2, 59 Tratamento Hanshin Chiryo 3,

60 Tratamento Hanshin Chiryo 4, 61 Tratamento Hanshin Chiryo 5, 31 Tanden

Malária: Região da cabeça, coração, estômago e intestinos, fígado, pâncreas, Tanden. Este tratamento deve ser feito uma hora antes do acesso de febre.
    Fotos: 1 Testa, 2 Têmporas, 3 Região occipital, 6 Topo da cabeça, 23 Coração, 7 Estômago e intestinos, 24 Fígado, 68 Pâncreas, 31 Tanden

Erisipela: Região da cabeça, coração, estômago e intestinos, Tanden, área(s) afetada(s) do corpo.
    Fotos: 1 Testa, 2 Têmporas, 3 Região occipital, 6 Topo da cabeça, 23 Coração, 7 Estômago e intestinos, 31 Tanden

Tétano (Trismo): Região da cabeça, coração, estômago e intestinos, Tanden, área(s) afetada(s) do corpo, área(s) dolorida(s) do corpo.
    Fotos: 1 Testa, 2 Têmporas, 3 Região occipital, 6 Topo da cabeça, 23 Coração, 7 Estômago e intestinos, 31 Tanden

Posfácio

Mais de setenta anos depois da morte do dr. Usui, o quebra-cabeça do Reiki está prestes a se completar diante de nossos olhos maravilhados. É uma grande alegria para mim estar autorizado a partilhar essas preciosas informações com todos vocês. Não sei dizer por que recebi essa honra. Provavelmente, eu estava no momento certo, no lugar certo, com a mulher certa. Um volume cada vez maior de informações do dr. Usui e sobre ele aparece todos os dias, e é nessas informações que encontramos a verdade. Afinal, o Reiki representa luz e amor. Muitos amigos reikianos em todo o mundo continuam trabalhando para divulgar essa luz e esse amor em todo o planeta.

Temos certeza de que a última palavra sobre o Reiki e sua história ainda está por ser pronunciada. Definitivamente, não pretendo ser a autoridade máxima. Sou apenas um instrumento nas mãos da Existência. Nesse sentido, inclino-me em profundo agradecimento ao dr. Usui e a você.

Espero que você tenha gostado de ler este livro e que use as técnicas ensinadas pelo dr. Usui em sua prática. Esta é a maior alegria para o dr. Usui e para o Reiki, porque você, meu querido leitor, é as mãos do dr. Usui.

Textos Japoneses Originais

Atendendo aos pedidos de muitas pessoas, incluímos nas páginas seguintes alguns textos japoneses originais. Como muitos de vocês não têm condições de visitar o memorial em homenagem ao dr. Usui e receber as impressões dessa maravilhosa inscrição, nós a transcrevemos aqui.

Não se preocupe – nem a publicação deste texto nem a reprodução da lápide e da pedra memorial violam de qualquer modo leis japonesas em vigor, morais, éticas, escritas ou não.

O memorial se localiza num cemitério público de Tóquio, onde foi erigido pelo *Usui Reiki Ryoho Gakkai*; portanto, é para ser lido. Em nenhum lugar do mundo constroem-se memoriais para manter coisas em segredo!

Mesmo que a maioria de vocês não consiga decifrar os caracteres (uma habilidade que, infelizmente, também não tenho), ainda assim é uma sensação maravilhosa ter finalmente em mãos alguma coisa do dr. Usui e sobre ele.

Até agora, nós ocidentais pensávamos que o Reiki fosse uma "tradição oral". É da natureza das coisas que o Reiki tenha sido transmitido para o discípulo por meio da energia e das palavras do mestre. Mas isso não exclui a linguagem escrita como recurso didático importante. Onde estaríamos sem o *Tao Te Ching,* a Bíblia*, os Upanixades, os Sutras* budistas e o Corão? Pela história universal, sabemos que as tradições orais em geral desapareceram com seus fundadores ou então depois de algumas gerações, no máximo.

Felizmente, o dr. Usui era uma pessoa culta com uma visão muito clara do futuro. Além disso, conhecendo a natureza da psique humana, ele tomou certas providências preventivas, e por isso suas palavras estão preservadas até os dias de hoje.

A seguir, a inscrição da pedra memorial:

臼井先生功徳碑

好養縫席ノ黄ヲ楨ミテ中ニ得ル所アルヲ之ヲ徳ト謂ヒ開拓挺濟シ道ヲ弘メテ世外ニ施ス所アルヲ之ヲ功ト謂フ功徳大ニシテ指メテ一大宗師タルコトヲ待ヘシ古来ヘ賢哲俊傑ノ士力學統ヲ重ンジ宗旨ヲ創メシ者ハ皆然ラザルハナシ臼井先生ノ新ニ宇宙ノ霊気ヲ本ツギテ心身ヲ善クスル法ヲ學ム四方傳ヘ聞ヲ好ス狂ヒ廣ク濟度トシテ之ヲ師タル先生通稱定男又號ハ晩歳岐阜縣山縣郡谷合村ノ人其ノ先八千葉常胤ニ出ツ父諱ハ宇右衛門母八河合氏先生慶應元年八月十五日ヲ以テ生レ幼ヨリ苦學力行侧筆ニ超ユ長スルニ及ヒ歐米ニ游ヒ支那ニ徃キ又道ニ立チ遂ヒ鶴軒ニモ志シモ屢モ屢ノ之卜ニ鍛錬怠ラレ至ラリ一日鞍馬山ニ登リ食ヲ断チ念思想スルコト三十有一日埃千ノ一大霊気ヲ以テ誠ニ泉人ニ触スルヤ中ハル先生以来ハハラク頭上ニ感ずル所アリ其ニ因テヘラク躍リヲ以テニ思ヒ家人ヲ善クスル方ヲ得タリ之ヲ是フト大正十一年四月店ヲ東京青山原宿ニ定メ學會ヲ設ケ霊氣摩挲療法ヲ行フ遠近来リテ生ムタ男子女ニ不ニ大ト爲リ温厚恭謙ニシテ諸人ニ接スルニ何人ヲ問ハズ皆ノ人ヲ友セシメニ明治天皇ノ遺訓ヲ奉體シ夕刻ナ或ハ唱ヘテ心ニ念セシメリ大正十二年九月大震災火災起ヲ深ケ創傷病苦到ル處ニ呻吟セスル先生深ク之ヲ患ヒ日々出テ市テ巡リ救療スル所ヲ知ラズ其ノ患二赴キ恩ヲ授ケ以テヲ半比ノ如シ後遠からす門人徒ニ相應ハレ地方ヨリ拓痕スル者ツカラス其ノ慶ニハ煩ハラ及ヒ舍ヲ中野下中野中崎ト築メ學舍ヲ廣ケ諸道ヘラクシテ以テ各地ヨリ撥ケ合ケ恐ルモ若シ其ノ類ニ類フ之キ鹿島ニ問フ世二佐官人氷ニヨル地ヨリ偶感ニ至リ迫舍立キテ来リ學フ者甚ク来ハル昭和大正十五年三月九日五十二歳ヲ以テ中野ニ歿ス時ニ大正十五年三月九日ヶ十二歳鈴木氏ノ門人ニ男一女シテ之ヨリ先生ノコトヲ得ヲナ世ノ人ハ世事ニ遭フ一セリ先生ノ為二配貞子シテ昭ラカナリ類フニ霊法ハ主トスル所ハ頭ヲ癒スルヨリ正シクシ身ヲ使ニシテ人生ノ福社ヲ享ケシメル二在ハ故ニ其ノ人ヲ教ブル二明治天皇ノ遺訓ヲ奉體シ夕刻ナ五或ハ唱ヘテ心ニ念セシムマニニ日ヲ今日忘ルル勿レニ一回ヲ腹クハ事ヲ當ケル其ノ霊法ハ永クノ世ニ宣播スヘ亨二比ノ霊法ハ普及セシムルアラレルノ世直人心ノ幹植スルニ鮮紗ナラサルヘシ豈ニ先者ノ各其ノ法ヲ得テ先生斷フコトモ難モ霊法ハ永クノ世ニ宣播スヘシ嗚呼トン文字ヲ以テ先生ノ中一得ヲ一眼シノ傳頌ニ眼シ諸士力師孝ノ譫二等キヲ嘉ミシ敬テ辞セシテ其ノ視聴ヲ叙シ後人ヲシテ不朽譲ル能ハサラシメンコトヲ思ス

昭和二年二月

海軍少将從四位勲三等功四級　牛田從三郎書
從三位勲三等文學博士　岡田正之撰
中野町
石期刻

◀ À *esquerda:* inscrição da pedra memorial erigida perto do túmulo do dr. Mikao Usui.

▼ Abaixo: algumas páginas do *Usui Reiki Ryoho Hikkei* original, manual do dr. Usui. As páginas 30 e 78 também reproduzem páginas originais que descrevem tratamentos. Espero que isso o ajude a ter uma idéia de como era o manual.

Recebemos esta cópia de T. Oishi; ela estava impressa, e não escrita com a caligrafia do dr. Usui. Infelizmente, não sabemos se há uma escrita original.

公開伝授説明

肇祖　臼井甕男

古来能く独自の秘法を創見するや、己か子孫にのみ教えて家伝と為し之に依って後世一門の生活安定を計り、秘法内容の門外不出を唱うるが如きは実に前世紀の遺習と申すもので、苟も現代の如く人類の共存共栄を以て幸福の基調となし、併せて社会の進歩を要望する時代に於ては、断じて一私するを許しません。我が臼井霊気療法は前人未発の創見でありまして、世上其比を見ません。されば之をば人間公益の為めに開放し、何人をも共に天恵に浴せしめ、以て霊肉一如を期し、人世天与の福祉を得しめんとするものであります。元より我が霊気療法は宇宙間の霊能に基く霊気の独創療法でありますから、此れに依って先ず人間自體を壮健にし、思想の穏健と人世の愉悦を増進するのであります。

今や生活の内外に亘り、改善改造を要する秋に於て汎く同胞を悩める心と病災の裡より救うべく敢て公開伝授する所以であります。

71

Apêndice Fotográfico

Todas as posições das mãos do *Manual de Reiki Original* do dr. Usui.

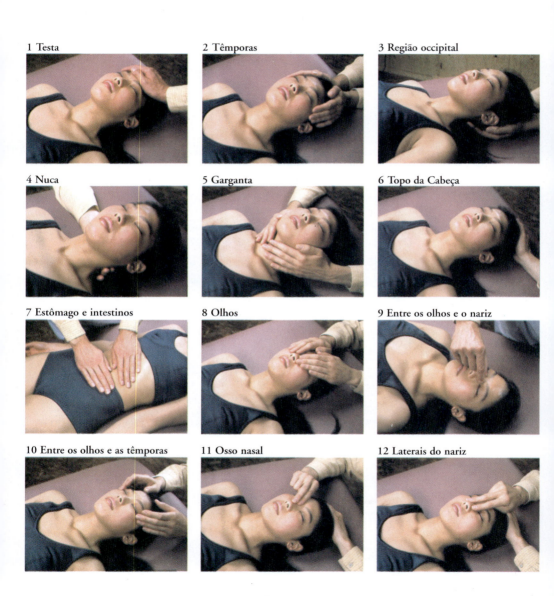

13 Meio da testa

14 Canal auditivo

15 Partes anterior e posterior da orelha

16 Boca*

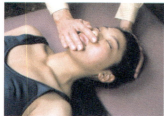

17 Língua*

18 Raiz da língua**

19 Cartilagem na garganta

20 Meio da testa

21 Meio do lábio superior

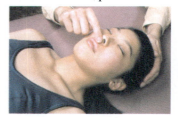

22 Pulmões

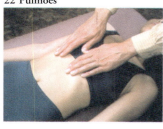

23 Coração

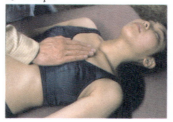

24 Fígado

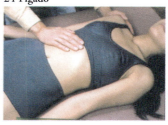

25 Intestino grosso – superior e lado

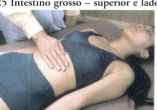

26 Intestino grosso – inferior

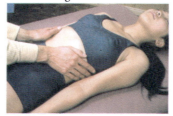

27 Região do intestino delgado

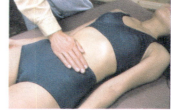

* Não cobrir os lábios   ** Usar luvas de látex

73

28 Região da bexiga

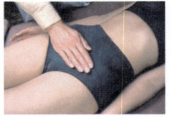

29 Região do útero

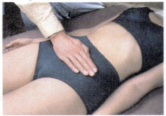

30 Ambos os lados do útero

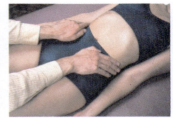

31 Tanden

32 Órgãos genitais

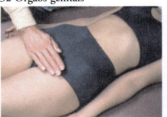

33 Diafragma

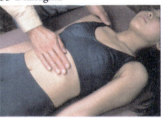

34 Traquéia

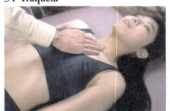

35 Brônquios

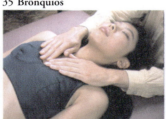

36 Região do coração

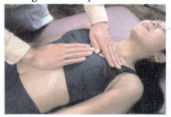

37 Apêndice xifóide

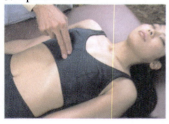

38 Apêndice

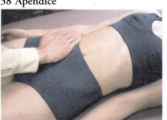

39 Região abdominal

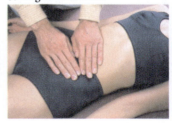

40 Ureter

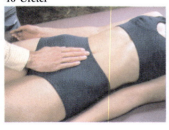

41 Seios

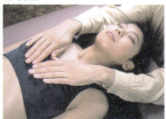

42 Vértebra cervical 1

74

43 Vértebras cervicais 1-3

44 Entre as escápulas
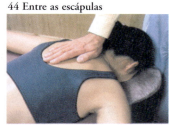

45 Vértebras torácicas 2-6

46 Vértebras cervicais 5-7
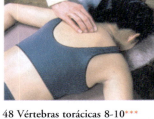

47 Vértebras torácicas 1-5

48 Vértebras torácicas 8-10***

49 Vértebras torácicas 4 e 6-10

50 Vértebras lombares 2-5
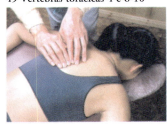

51 Vértebras lombares 4-5
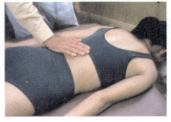

52 Vértebras torácicas 9-12

53 Vértebras lombares 1-5
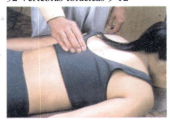

54 Sacro, cóccix
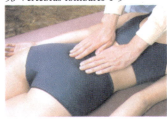

55 Região dos rins
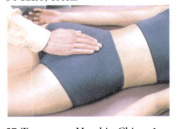

56 Vértebras torácicas 11-12
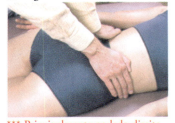

57 Tratamento Hanshin Chiryo 1

*** Principalmente no lado direito

58 Tratamento Hanshin Chiryo 2

59 Tratamento Hanshin Chiryo 3
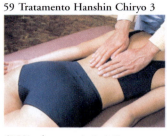

60 Tratamento Hanshin Chiryo 4
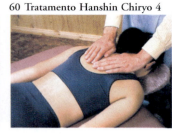

61 Tratamento Hanshin Chiryo 5

62 Vértebras cervicais 3-5
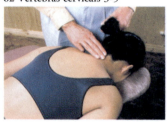

63 Cotovelos
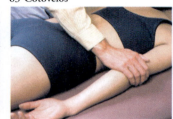

64 Polegares
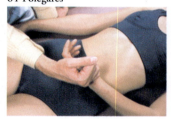

65 Palmas

66 Plantas dos pés
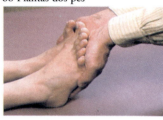

67 Região anal
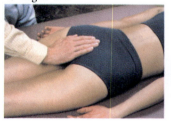

68 Pâncreas
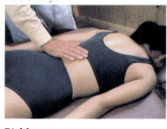

69 Tratamento ocular

70 Tratamento Respiratório

71 Massagem

72 Técnica de cura com todas****
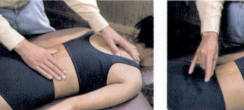

**** Todas as pontas dos dedos da mão esquerda

73 Percussão, punho

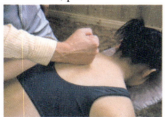

74 Percussão, punho

75 Percussão, punho

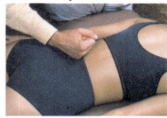

76 Percussão, dedos

77 Percussão, dedos

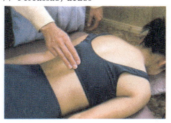

78 Percussão, dedos

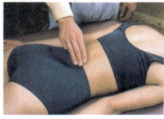

79 Reiji-Ho

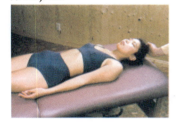

80 Meditação Gassho

Da esquerda para a direita, na foto 80: Kumiko Kondo, Chetna Kobayashi e Frank Arjava Petter fazendo a Meditação Gassho.

Manual do Reiki Ryoho

Página 21 do livro original: descrição de algumas posições de tratamento usadas pelo dr. Mikao Usui.

霊気療法必携

肝臓部、第八、九、十、胸椎（殊ニ右側）

胃部、第四、六、七、八、九、十、胸椎

腸部（臍附近）第六、七、八、九、十、小腸部、上行、横行、下行結腸部、胸椎、第二、三、四、五、腰椎、臀部

膀胱部、第四、五、腰椎

子宮部及其両側、第九、十、十一、十二、胸椎、第一、二、三、四、五、腰椎、

Como Localizar as Vértebras

A coluna vertebral se subdivide em sete vértebras cervicais, doze vértebras torácicas e cinco vértebras lombares. A primeira vértebra cervical se localiza na medula oblonga e a última forma uma saliência na extremidade inferior do pescoço. Você pode localizá-la facilmente encostando o queixo no peito e tocando esse ponto do pescoço com a mão.

A primeira vértebra torácica está imediatamente abaixo da sétima cervical; a última está no ponto onde a costela mais baixa encontra a coluna espinhal. As vértebras lombares começam logo em seguida e terminam no sacro. Se tocar as costas estando inclinado para a frente, você perceberá onde se localiza a vértebra lombar mais baixa.

Maneira mais fácil de encontrar as vértebras cervicais e torácicas: localize a sétima vértebra cervical (*Vertebra Prominens*, também chamada C7) e desse ponto movimente-se para cima ou para baixo ao longo da coluna vertebral, sempre tendo como critério a distância correspondente à largura de dois dedos. Nem todas as pessoas têm vértebras claramente definidas.

Maneira mais fácil de localizar as vértebras lombares ou as torácicas mais baixas: encontre a saliência do ilíaco (o osso mais alto da pelve acima do quadril, aproximadamente no nível do umbigo). Siga uma linha reta desse ponto até a coluna. Aqui você terá a quarta vértebra lombar. Movimente-se para cima ou para baixo da coluna numa distância correspondente à largura de 2,5 a 3 dedos para localizar as demais vértebras lombares ou as vértebras torácicas inferiores. A distância para as vértebras torácicas inferiores é em geral correspondente à largura de dois dedos.

O corpo das vértebras também tem várias dimensões, de acordo com o tamanho do corpo da pessoa. Mesmo um profissional deve contar as vértebras.

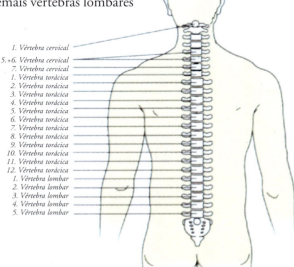

1. Vértebra cervical
5. + 6. Vértebra cervical
7. Vértebra cervical
1. Vértebra torácica
2. Vértebra torácica
3. Vértebra torácica
4. Vértebra torácica
5. Vértebra torácica
6. Vértebra torácica
7. Vértebra torácica
8. Vértebra torácica
9. Vértebra torácica
10. Vértebra torácica
11. Vértebra torácica
12. Vértebra torácica
1. Vértebra lombar
2. Vértebra lombar
3. Vértebra lombar
4. Vértebra lombar
5. Vértebra lombar

Impresso por :

gráfica e editora
Tel.:11 2769-9056